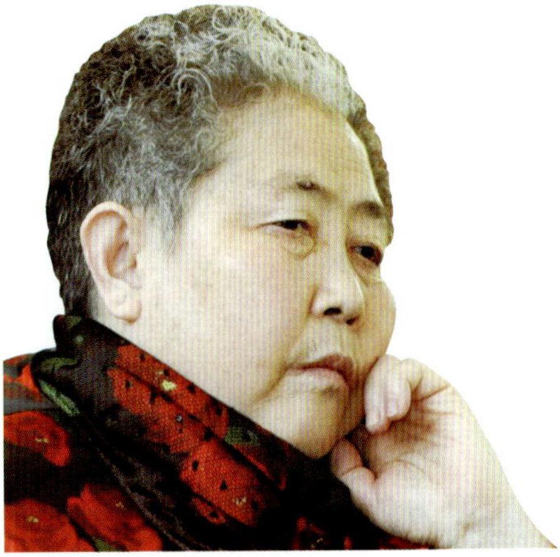

成功绝非偶然

“老干妈”的创业史与人生哲学

寒 晨/著

时事出版社

序言

她从不欠别人一分钱，别人也不能欠她一分钱；

她把一瓶几块钱的辣椒酱做成与茅台齐名的品牌；

她十几年来只贷过一次款，从来都是一手交钱，一手交货；

她没上过一天学，只认得自己名字那三个字；

她解决了几百万农户的农产品销路问题；

她创造了“有华人的地方就有‘老干妈’”的奇迹；

……

她就是名闻天下的草根创业典范陶华碧。

拥有如此多光环的陶华碧，几乎是传奇一般的存在。一位没有家族优势，也没有大把资金支持的女性，一路凭借自己坚强的信念和执着的创业精神，一步一步地做到了辣酱王国的女王。

事实上，陶华碧是一个从未上过学的“文盲”，她甚至连自己的名字都不会写。从1947年到1967年的20年里，陶华碧一直过着贫苦的生活，由于家境贫困，她和许多乡下女孩一样，生活简单机械，每日劳作，没有什么惊喜，更没有值得回味的欢乐。对于陶华碧来说，劳动似乎就是生活的全部。

结婚后的陶华碧也只过了短暂的几年幸福生活，之后便是无止境的艰苦的创业生涯。也正是那段岁月里的风雨历练，让她对事业充满了信心，对未来的生活充满了希望。

她度过了食不知味的饥饿年代，也经过了衣食无忧的辉煌年代。处变不惊，从容不迫，将自己的爱好做成事业，并将它发扬光大，做到众人皆知，这的确值得创业者们细细研究。

其实，她所拥有的是每个成功的创业者都必须具备的基本素质，那就是坚持。

我们饭桌上的佐餐调料中，很可能有一瓶就是陶华碧的“老干妈”。它的名字被传播到世界各地，成为各地华人必买的一瓶美味。

如今的“老干妈”不仅销售到了国内所有省份，甚至远销欧盟、美国、澳大利亚、日本、韩国等40多个国家和地区。

“老干妈”可以说是一个小调味料，也可以说是草根创业、以小见大的典范。

成功没有捷径，也没有从天而降的馅饼，唯有用梦想和努力去创造。

陶华碧曾说，上市就是圈钱，她始终认为应该认真做企业，不该去想“歪门邪道”。她还曾郑重承诺，绝对不采用任何方法偷税漏税。她曾创下3年缴税16亿，产值68亿，直接间接带动800万农民致富的优异成绩，并获赠政府奖励的A8888连排号车牌。正是这样认真的态度成就了今天的“老干妈”，成就了陶华碧的梦想。

如果没有“老干妈”，或许我们的饭桌上只是少了一瓶调味料，但是有了“老干妈”，我们的生活却多了一份美味。

小小的一瓶辣椒酱，承载的不仅是“老干妈”陶华碧的梦想和希望，更多的是我们对美食的向往，以及对“老干妈”成功的惊叹。一个手无寸铁、目不识丁的农妇，如何由一瓶辣椒酱起家，做成一家闻名遐迩的大型企业，值得我们深思。

“老干妈”的创业史是一部苦难史，更是一部真实的奋斗史，我们应该好好学习。

目录
CONTENTS

第三章　好口碑就是好营销

第四章　我不欠钱，别人也不能欠我钱

第五章　管理方法虽然“老土”但管用

第六章　一个目不识丁妇人的领导技巧

第一章

苦难是我人生的一笔财富

“老干妈”陶华碧的前半生可以用“跌宕起伏”来形容。苦难有时候可以摧毁一个人的意志，但如果能够将它化为动力，将会收获意想不到的精彩人生。

·1·

再多的心灵鸡汤，也抵不过飞来横祸

在世人的眼中，“老干妈”陶华碧或许是一个传奇人物，因为她只是一个没有文化的妇人，却可以独掌亿万资产的“辣酱王国”，这不仅令人称奇，更令人称赞。但也许，这并不是传奇，这只是一个又一个忙碌的脚步踩出来的“通天大道”，一滴又一滴汗水凝结成的“滚滚汪洋”。

有句话说：“不经历风雨，怎能见彩虹，没有人能随随便便成功。”陶华碧的成功自然也不可能是随随便便得来的。她曾经是一个普普通通的农家姑娘，没有什么大的梦想，对她来说，能吃饱穿暖已经是非常满足的事了。

1947年，陶华碧出生在贵州省湄潭县永兴镇的一个农场里。家中共有姊妹八个，她是最小的。父母曾为她取小名“春梅”，可见对她也是相当偏爱的。但姊妹众多也使得并不富裕的家境难以为继，为此她小小年纪就不得不劳动。为了减轻家庭的重担，她没读过书，自然也不识字，至今也只会写自己的名字而已。

她出生在贵州，那是一个山清水秀、人杰地灵的好地方。正是这里的山水养育了陶华碧一颗真诚炽热的心，也磨砺了她坚毅而温和的性格。

幼年时，因家境所限，温饱尚且令父母发愁，他们更不可能有余钱供养她上学来寻求更加美好的前途了。

正所谓“穷人的孩子早当家”，陶华碧自幼便明白这个道理，所以她从未苛责过父母没有给她读书的机会。

陶华碧出生时，贵州还未全面解放，之后的几年，全家才慢慢过上相对安定的生活。在那样的饥荒岁月里，她常常挖野菜充饥，但长年累月的常规吃法，让她渐渐萌生了改良口感的想法。于是，她大胆地钻研用普通的野菜做成最惊艳的美味。

陶华碧的童年可以说是简单而纯粹的，那时候最快乐的事情就是做美食，用简单的食材，经过自己的加工，做成独具风味的美食。那时候的生活并不富裕，陶华碧几乎从未穿过新衣，总是姐姐们穿不了的又传给她穿，但她也没有怨言，因为生活的窘境不允许她挑三拣四，当然她自己也明白，温饱才是当下最应解决的问题。

一年到头，也只有大年夜里，全家才能吃上一顿肉。这样的生活年复一年，但陶华碧对生活的热情并没有因家境的贫寒而冷却，年纪尚小的她，不知是个性使然还是天资聪颖，在大山里发现了一种非常特殊的植物，这种植物同时也是一味中药材，她用这种中药材和自家种植的辣椒一起，酿制出了一种风味极为独特的辣椒酱。酿造的过程并没有遵守任何既定的模式，纯粹是按自己的理解和想法。当她用自制的辣椒酱拌饭并拿给全家人试吃的时候，大家都对她的手艺赞不绝口。

对于含着金汤匙出生，整日鱼肉佐餐的富家子弟来说，陶华碧童年生活的艰辛是难以想象的。然而贫苦的生活并没有让陶华碧感到厌倦，反而激发了她对美好生活的热切期盼。

平凡的生活有时候会让人失去信心和希望，但陶华碧却没有，她渴望改变，更渴望能够跳脱出当时的生活状态。

时光辗转流逝，那一年陶华碧20岁了，她遇到了生命的另一半，并嫁给了他，他是地质队的一名会计。陶华碧非常满意这门亲事，至少，她嫁给了一个知识分子。婚后，她随丈夫住到了地质工程队所在地——贵阳市龙洞堡。

婚姻生活对20岁的陶华碧来说，是憧憬也是希望。丈夫和家庭给她带来了许多新鲜的东西，比如知识、新的世界观。

生活开始不再一成不变，增添了一些绚烂多彩的味道。

之后她添了两个可爱的儿子，大儿子取名李贵生，小儿子取名李辉。一切看起来都是那么的美好和一帆风顺。

本以为嫁了个端铁饭碗的丈夫，曾经苦难的生活也应该就此结束了。然而，就在她享受着生活带给她的一丝甜蜜的时候，上帝却跟她开了一个玩笑，而这个玩笑差点让她失去了家庭，失去了对生活的信心。

那是婚后几年，她的丈夫突然患病，卧床不起。对于一个没有正式工作的家庭妇女来说，两个不谙世事的幼子是她最大的牵绊，而顶梁柱却突然倒下了。孩子们的衣食住行顿时没有了着落，而丈夫的病还需要继续花钱治疗。生活犹如遁入了一个无边黑暗的谷底，陶华碧的心焦急而悲痛。

望着病床上的丈夫和两个嗷嗷待哺的孩子，陶华碧明白此刻的自己是他们最大的希望，所以她要坚强，不能倒下，她的肩上还有千斤重担需要扛起。

婚姻本来带给她的是快乐，是幸福，是一种童年时期从未享受过的自由和快乐。然而，美好的光景总是短暂的，她还来不及细细体味生活的美好，就陷入了比幼年时更加令她手足无措的窘境。

那个时候，陶华碧的丈夫工资也只有30元钱，若是平时，供养一家人的简单生活尚可维持，但如今他卧床不起，两个孩子还需要读书吃饭，30元钱显然无法维持全家人的生活。最绝望的时候，她甚至想过以死来挥别这令人悲伤的世界。整日以泪洗面的日子实在难过，家不成家，再也没有欢乐。但望着病床上的丈夫，她渐渐恢复了理智，日子还是要过的，她安慰丈夫说，这个家只要还有她在，就不会塌，就还有希望。

当丈夫的病情稍有好转，陶华碧就简单收拾了行装，准备去广州打工。那时候的广州是打工者的聚集地，如果可以找到工作，至少可以维持一家人的生活。

去广州打工就意味着要背井离乡，对于没有出过远门的陶华碧来说，那是一种十分孤寂的凄凉。

心里挂念孩子，挂念丈夫，她更加深切地体会到身在异乡的无可奈何。古人说：“独在异乡为异客，每逢佳节倍思亲。”尤其是家人团圆的节日里，她更加思念远方的亲人，还有那个小小的家，虽然如今已是风雨飘摇，但仍是她心灵休憩的港湾。

陶华碧每次去深圳，都会带上自己亲手酿制的辣椒酱，因为在外的生活并不好过，为了节省生活费，她用辣椒酱就着馒头，就算是一顿饭。

寂寞的夜里，她也会思前想后、坐立不安：孩子们吃得好吗？丈夫的病情好些了吗？

让她担忧的事情终于还是发生了，犹如晴天霹雳一般。也许她早就知道会有这么一天，但当这天到来的时候，她仍然手足无措、悲痛难忍。

她的丈夫由于病情加重，不治而终，留给她两个嗷嗷待哺的孩子和一个几乎破碎的家。

还不到30岁的陶华碧，仿佛一夜之间老了好几岁。她宁愿丈夫卧床让她照顾，也不愿接受他已离去的事实。因为那样，至少他是亲密的爱人，是可以陪她一起创造未来的人，是在枕边说着知心话的人，可如今，丈夫离去，留给她的只是一片空荡荡的寂寥。

正所谓“生容易，活容易，生活不易”，失去了丈夫的陶华碧才深切体会到这句话的含义。两个孩子还需要她的抚育，孩子失去了父亲，不能再让他们看到一个颓废度日的母亲，于是陶华碧收起了自己的眼泪，她要做孩子们的榜样。

她不是温室中的娇花，也不是万丈红尘中的富家女，她本就是从贫苦农家走出来的孩子，深深懂得生活的艰难不易。

现实生活的残酷，让她必须抛弃一切不切实际的想法，才能将生活的重心稳住。陶华碧料理完丈夫的后事，便再一次收拾好行装，踏上了漫长的打工之路。

她要靠自己的一双手给孩子们创造一个美好的未来，也给自己的生活一个交代。最初的那段日子，陶华碧整个人变得不像个女人，她对任何工作都不计较不挑剔，只要给钱，她都肯去做，苦和累在她眼中已经是家常便饭。

她曾经举过8磅锤，背过黄泥巴，背100斤只赚3角钱。可她知道怨天尤人没有用，家有幼子，她不得不收起女人的娇弱，用不输于男人的气魄坚持着。

她还拉过黄包车，不论刮风下雨，只要有客户，只要有需求，她就会出去跑活儿，完全像个男人一样，从不顾虑，一切只为了这个家庭能继续支撑下去。

那时候比她年纪大的人都叫她“老干妈”，可见生活的风雨在她的脸上刻下了多少印记。

女人都希望拥有一个温暖的家，一个能够遮风挡雨的港湾，有乖巧的孩子和体贴的丈夫。然而，那个时候的陶华碧根本没有憧憬的能力，因为能够让生活不再艰难已属不易，哪敢奢望更多自己没有的东西。

随着时间一点一滴地推移，陶华碧总算一步步地摸索出了一条生活的路，那就是摆摊。

她的“经商生涯”最初是从卖米豆腐开始的。

米豆腐是周边人们都非常喜欢的一种廉价美食。那时候她每天晚上在家做米豆腐，白天走几公里路到集市上去卖。有时候背着大大的背篓，公交司机都不让她上车。由于常年接触做米豆腐的原料石灰，直到现在，她的双手一到春天就会脱皮。

1989年，陶华碧用省吃俭用积攒下来的一点钱，在贵阳市南明区龙洞堡的一条街边，用四处捡来的砖头盖起了一间房子，一家简陋的餐厅便落成了。这是她最初的根基，所以她用心布置，并取名“实惠餐厅”，主要售卖凉粉和冷面。

这是陶华碧事业的起步。

经历了人生的颠簸和巨大的悲伤，就像雨后常会有彩虹一样，陶华碧总算有了安身立命之所。她开始理解苦难，甚至感谢苦难的降临，因为这些教会了她生活的意义和价值。如果没有那段悲伤的过去，也许她一直是一个普通的农妇，终生沉浸在柴米油盐之中。

如今，每当回忆起过去，她总会坦然微笑，看不出一丁点儿对过去的悲伤和埋怨。

大起大落的生活经历，以及曾以为过不去的苦难，往往会成为人生的重要财富，在之后的生活中给予人们创业的勇气和勇往直前的资本。

纵观那些成功的人，他们几乎都经历过人生的低谷，或者不可言说的苦难，正是这些苦难促使他们不断地和命运抗争，最终实现了人生的价值。

正所谓，心灵鸡汤挡不住飞来横祸。“老干妈”用积极的心态和不向命运屈服的斗志，渐渐适应了苦难，并且将它征服。

·2·
“老干妈”也是从摆地摊起步的

每个创业者在起步阶段都是相当困难的，毕竟含着金汤匙出生的人并不多。

陶华碧在丈夫卧床不起的那几年，远走他乡打工，为了节省开支，她的三餐基本都是馒头就着辣椒酱。

和她同在一个厂里工作的还有很多工友，他们大部分人都生活得并不富裕，很多人和她一样面临着生活的窘境。工友们来自全国各地，大家聚在一起就像一家人一样。陶华碧天生热心肠，她把自己制作的辣椒酱分给大家吃。没料想，大家对麻辣酱的反响非常好，连连称赞，都夸她手艺好，制作的麻辣酱独具风味，回味无穷。陶华碧也很高兴得到大家的夸奖，但她只当这些夸奖是对她慷慨的一种感谢，并未放在心上，只是仍旧热心地做辣酱送给大家吃。

对她来说做辣酱是举手之劳，可对于这些穷困的工友们来说，那是一种可以代替菜的生活必需品，举手之劳可以为大家节省一笔生活开销，她又何乐而不为。陶华碧很能理解这些善良工友们的难处，所以就一直坚持了下去。

但这样的生活持续了不久，她的丈夫便撒手人寰了。

一家四口的生活本就相当困难，丈夫的离去更是雪上加霜，让这个家陷入了更深的窘境。陶华碧娘家的经济情况也十分不好，眼下没有什么人能依靠，她只能依靠自己的双手来让两个孩子有吃有穿。

对于一个没有文化的农家妇女来说，除了去做苦力活，似乎没有什么简洁有效的途径能够让她过上相对幸福的生活，但长年累月的工厂打工生活对她来说，早已是一个可以预见的结局——只能带来日复一日年复一年的劳累和勉强糊口的经济收入。

这可不是长久之计，必须想个办法让生活获得改善才行。

陶华碧考虑了一番，认为自己最能拿得出手的手艺就是辣椒酱，如果能让自己的拿手活计成为赚钱的途径，那肯定是比去工厂打工更有诱惑力的事情，至少做起来会非常开心，于是她开始琢磨。

在贵州这个地方，很多人的早餐首选就是素米粉，陶华碧就寻思着能卖点米粉出去补贴家用。

那时候，她白天去工地上干活，晚上就熬夜做“素粉”。所谓素粉，顾名思义，就是纯素的，没有肉类下饭的，甚至连一片菜叶子都没有的米粉。可素粉配上自制的辣椒酱，就算连一片菜叶子都没有，陶华碧的小摊也总是能够顾客盈门，大家对素粉的口味连连称赞，几乎所有吃过的顾客都成了回头客。

她的小吃摊就摆在贵州省警校门口，地理位置绝佳，客源充足。很快，陶华碧的小吃摊就小有名气了。

她做的辣椒酱，辣中有香，香中带辣又辣而不燥，香辣结合，味道十分出众而特殊。很多人去她的小摊吃素粉，都是冲着那又香又辣的辣椒酱去的。

这个小地摊式的素粉摊，吸引了周边不少学生和路过的人们驻足。就是靠着这个小摊，陶华碧撑过了最艰难的时期，收入逐渐好转，终于可以让两个孩子吃饱穿暖，自己也不用再回到工地上干活了。慢慢地，她的素粉越来越有名，不仅周边的人们会来光顾她的小摊，就连离得很远的人都会慕名而来。

对于摆摊卖素粉这件事，陶华碧非常乐于提起，她认为正是这段经历，让她认准了一个道理，那就是只要靠着自己的双手，总有一天会找到出路。

对于创业者来说，很多人更在乎自己手里有多少启动资金，项目有多大市场前景，一切都要全部计划好才开始做，其实对于创业，“老干妈”陶华碧也有自己的一套理念。

首先，她认为年轻人创业要有信心，其次是勇气，最后是懂得失败的意义。

说到信心，或许很多人会认为这是最简单的一项，其实不然。信心来源于内心深处，是一种积极的拼搏精神所反映出的意识形态。

对于陶华碧来说，她的信心就来源于她对自身所拥有的技能的信任。她依靠不断研发的手工麻辣酱让大众对她所做的素粉赞不绝口，为她的生意带来了源源不断的客流。这就是陶华碧的自信。

正所谓，自信决定事业的高度，对自己有信心显得尤为重要。但也不是每个创业者都能拥有十足的信心来完成自己期望的事情。

一个人的成就，绝不会超出他自信所能达到的高度。如果拿破仑在率领军队越过阿尔卑斯山的时候，只是坐着说："跨越这座山太困难了。"那么结果毋庸置疑，拿破仑的军队永远不会越过那座高山。所以，无论做什么事，坚定不移的自信力，都是成功所必需的和最重要的因素。

坚强的自信，便是伟大成功的源泉。不论才干大小、天资高低，成功都取决于坚定的自信力。相信能做成的事，一定能够成功。反之，不相信能做成的事，那就绝不会成功。

关于勇气，创业的勇气不是谁都有的，所以大部分人都宁愿一直过着朝九晚五的上班生活也不敢迈出创业的第一步，或许有人试过，但短期内没有上班所得到的薪水高，他们就会很快放弃，认为创业不适合自己。究其原因，就是没有勇气。

坚持的勇气，不怕失败的勇气是创业中最难做到的。陶华碧在摆摊卖素粉的时候，无论风吹雨打她都坚持出摊，能卖多少是多少，敢于做、愿意做以及坚持做，这就是勇气。

还有不怕失败，对于创业者来说，这也是最重要的一点，很多创业者往往输在了这一点上而导致真正的失败。

为何说是真正的失败呢？因为大部分的创业者都会面临一段时间的艰辛困难，甚至难以为继，这时候他们以为到头了，以为将要失败，事实上，这样的境况十分常见，就如同黎明前的黑暗一样，但却常常使人蒙蔽了双眼。

陶华碧在摆摊初期，也不是非常顺利。那时候她做米豆腐背到城里去卖，连公交车司机都不让她上车，但她仍旧坚持了下来。

从小摊上走来第一位顾客到渐渐生意盈门。凭着自信、勇气和不怕失败，终于有了之后的“老干妈”。

没有任何一种成功是一蹴而就的，风靡全球的“老干妈”也是从摆地摊做起的。她经历了炎热的夏天和冷酷的冬天才渐渐摸索出一条适合自己的道路。

有人认为，“老干妈”为何不在最初就去做麻辣酱而要去摆摊卖米粉？其实这个问题的答案在“老干妈”的发展史中是显而易见的。陶华碧如果不去摆摊卖米粉，她就不会知道自己做的麻辣酱有多么受欢迎。

很多创业者创业之初又何尝不是如此考虑，做什么产品赚钱就做什么，但在真正实施的过程中，又发现了新的商机。抛却最初的设想，朝着自己感兴趣并且有市场潜力的方向走，才有可能与众不同，真正成功。

吃得苦中苦，方为人上人。陶华碧的摆摊创业史就是从最简单做起，不怕吃苦，才能看到希望。

·3·

实惠餐厅的“实惠”是“老干妈”的雏形

陶华碧摆地摊卖素粉一段时间之后，开始思索着要有一个相对固定的摊位或者是店面，这样也方便经营，毕竟摆地摊也不是长久之计。

从最初的不去打工就会饿死到现在的想做得更好，想赚更多的钱让孩子们过上好日子，同时也改变自己穷苦的命运，这是陶华碧的改变，一个大胆而执着的改变。

她是一个没上过学的“文盲”，可就是这样一个目不识丁的农妇，却想着将生意做得更大，让自己和家人的生活彻底得到改善，这的确不是一件容易的事，但陶华碧愿意试一试。

她用自己积攒的全部积蓄在龙洞堡附近开了一个小型饭店——实惠餐厅，这也是“老干妈”公司的前身，是她真正走上创业大道的第一步。

“实惠”一词往往是消费者对商家的一种期望，也是选购商品时的一个基础标准。

“实惠餐厅”这个名字恰如陶华碧心中所想，她要做的很简单，就是实惠，这也是她做生意的根本宗旨。

1989年，在一个风和日丽的日子，实惠餐厅正式开业了。这家餐厅没有像其他店铺开张时那样大张旗鼓，没有人送花篮，也没有人放礼炮，不声不响地就算开业了。饭店是陶华碧用儿子捡回来的废砖块、废旧油毛毡和石棉瓦搭建的，简陋得只能摆下两张桌子。说是饭馆，其实只是一个围起来的摊位，餐厅的背墙就是公干院的围墙。

那时候贵阳正在修建环城公路，从前非常偏僻的龙洞堡转眼就要成为贵阳南环线的主干道，途经此地的货车司机日渐增多，他们成了“实惠餐厅”的主要客源。

司机们由于长途劳顿，不能按点吃饭，陶华碧便向他们赠送自家制作的豆豉辣酱、香辣菜等小吃和调味品，这些赠品大受欢迎。

货车司机们的口头传播显然是最佳广告形式，“龙洞堡‘老干妈’辣椒”的名号在贵阳不胫而走，很多人甚至为了尝一尝她的辣椒酱，专程从市区开车来公干院大门外的“实惠餐厅”购买。

对于这些慕名而来的客人，陶华碧都是半卖半送。

实惠餐厅的老主顾韩先生说：“陶华碧做的米豆腐价低量足，吸引了附近几所中专学校的学生常常光顾。久而久之，就有不少学生因为无钱付账，赊欠了很多饭钱。陶华碧通过了解，对凡是家境困难的学生所欠的饭钱，一律销账。我的印象是她只要碰上钱不够的学生，分量不仅没减，反而额外多些。”

陶华碧虽然自己家境也非常窘迫，但是她天生的乐善好施也为她赢得了好名声，附近的打工者和学生基本都会光顾她的饭馆。虽然餐厅十分简陋，但每天的客人都络绎不绝。

从摆小摊到拥有自己的小餐厅，这对陶华碧来说，是人生的一大步，她从需要远赴他乡打工，做男人才能做得了的活，到拥有自己的事业，这的确是一次令人兴奋的转变。更重要的是，这还是她的兴趣所在，实在是一件人生乐事。

而且这个小餐厅的经营，也让陶华碧不再为自己的生活担忧，因为她和孩子们终于拥有了可以安身立命的经济支柱。

就是这个简陋的实惠餐厅，让陶华碧离梦想又进了一步，目标也越来越清晰。

她没有读过书，可她有梦想，也有野心。自小她就深受当地创业者的影响，拥有不怕失败，只怕不走出去的精神。因为她所生长的那个地方的人们，创业的激情就同如今的义乌人一般，所以在生活极为窘迫的情况下，陶华碧第一时间想到的就是通过创业来改善生活。

在“辣不怕”的贵州，加上自己天生对辣酱的独特理解，她的小饭店开始了营业，主营是凉粉和凉面。

凉粉和凉面都是贵州人爱吃的食物，大街小巷销售同类产品的店铺和小摊也不在少数。陶华碧希望自己的店铺能做的与众不同。然而，凉粉和凉面的区别并不大，要真正比别人做得好吃，还得在口味上下功夫。

于是，陶华碧想到了辣酱。她自己制作的辣酱口味独特，风味鲜明，也算独树一帜，至少在当时，她认为自己的凉粉、凉面配上自制的辣椒酱，那简直是绝配。

当然这并不是她个人的盲目自信，来店里吃过的客人大多成了长期固定的顾客，他们都夸陶华碧做的辣酱好吃，这绝对是可信而中肯的评价。由于店铺的所在地龙洞堡挨着地质工程队，所以她的顾客中有不少是工地工人和卡车司机，他们本来只求食可果腹，但到了陶华碧的店里吃过之后，他们简直把这个小店当作自己的家一般，巴不得三餐都去吃。由于陶华碧还会给客人附赠她自制的风味豆豉、风味油辣椒、豆腐乳、香辣菜等佐餐小菜，那些前来吃饭的客人都赞不绝口，争相为实惠餐厅做口碑营销，一时间实惠餐厅成了那一带相当有名的小餐馆。

客人在实惠餐厅就餐时，陶华碧会额外送上一小碟她自制的麻辣酱或者腌制的酸菜等佐餐品，很受顾客的喜爱，很多人吃完凉粉，还会把赠送的麻辣酱额外收好带走，甚至有人还会多要一些麻辣酱想带回去，陶华碧也很乐意赠送，从不厌烦客人额外的要求。

乐善好施，也是陶华碧开办实惠餐厅的初衷。

实惠餐厅的经营还算有声有色，至少她不用担心客源的问题，附近十里八乡的人们都知道陶华碧实惠餐厅的“大名”。之后的几年中，陶华碧只是对餐厅做了一些简单地修葺，并没有投入大资金去整改或者扩大，这样的生活一直持续到1994年。

实惠餐厅的开办，为陶华碧之后做“老干妈”麻辣酱打下了坚实的群众基础，也是“老干妈”的雏形。

实惠餐厅的“实惠”二字更是映射了陶华碧在做生意这件事情上的态度，简单明了、言简意赅地表达了她对顾客真诚的态度。

很多生意人往往寻求的是利益最大化，于是在实际经营中缺斤短两，甚至用一些旁门左道来蒙蔽消费者。但陶华碧不会这样做，她非常热爱自己的事业，这间小店是她的命脉所在，经营好坏直接关系到自己和孩子的生存问题，所以她用一百分的热情去做，同时实践着自己的理想。

·4·

不死心为她打开一扇窗

实惠餐厅的经营让陶华碧收获了“第一桶金”，生活质量也有了大幅度的提高，这样的生活陶华碧觉得很满足了。

虽然同一条街上已有数家卖凉粉的饭店，但陶华碧并没想过转型或者扩大。

一天晚上小餐馆收工后，劳累的陶华碧突然感觉有些疲惫和头晕，两个儿子便劝她休息一下，暂时不要再做麻辣酱了，反正拌凉粉的佐料还有其他几种，缺少麻辣酱也影响不大。陶华碧也这么想，所以那一晚她就没有熬制麻辣酱。

第二天，实惠餐厅照常营业。像往常一样，陶华碧给顾客端来了凉粉，可顾客一看碗里没有麻辣酱，顿时就没了吃饭的兴致。更有顾客在听说“今天没有麻辣酱”的消息后，直接转身就走了。陶华碧感到十分困惑，别人家的凉粉也没有麻辣酱，生意照做，为什么自己没有麻辣酱，顾客转身就走了？难道顾客来吃凉粉只是因为喜欢她的麻辣酱，难道这个小店生意兴隆，也是因为有这种麻辣酱不成?

这件事对陶华碧的触动很大。她从没有想过，自己自制的麻辣酱对凉粉竟然如此重要，她一直以为麻辣酱只是一种能让凉粉更好吃的普通佐料而已。

她开始重视麻辣酱对于前来吃凉粉凉面的顾客的影响力，并潜心研究起来。经过一段时间的反复试验，她做的麻辣酱风味更加独特，很多顾客都是吃完凉粉后，还会主动要求再买一点麻辣酱带回去。这让陶华碧对自己做麻辣酱的手艺十分满意。可这还不算什么，更有顾客来了不吃凉粉，而是特意买一点麻辣酱带回去吃。这种情况的出现，直接影响了她的凉粉生意，店里的凉粉常常卖不出去，反倒是一直被她作为配料的麻辣酱却供不应求。

陶华碧又开始不解了，麻辣酱在她看来仅仅是一种佐料，这些顾客过来买这么多麻辣酱回去，难道全部是自己吃吗？他们能吃得完吗?

这样的疑问在陶华碧的脑海里盘旋了很久。直到有一天，店里的麻辣酱全部卖完之后，前来吃凉粉的顾客也顿时跟着消失了，陶华碧再也坐不住了，本来就憋在心里的疑问此刻更加凸显了，她决定亲自去找出原因。

关掉店门，她走上街头，看到别人的凉粉摊照旧营业，而且生意还十分红火。陶华碧疑惑不已，明明自己做的凉粉非常可口，可为什么一个顾客都没有？她走上前去，一问才知道，原来这些店家的佐料中有麻辣酱，而且都是从她那里买来的。顿时，一股无名怒火升上陶华碧的心头。本想着用麻辣酱让自己的凉粉更具风味，让生意更红火，结果自己的乐善好施反而给他人做了嫁衣，实在是令人气愤又无奈。

从那之后，陶华碧再也不单独出售麻辣酱了，毕竟麻辣酱的制作方法是她钻研许久才得到的独门绝技。如今成果都被同行用去了，她只好又开始将大量的精力投入到研制麻辣酱新配方中去，经过一次次的调整和试吃，陶华碧终于调出了令自己非常满意的口味。

一段时间后，一些原先从她那儿买麻辣酱的餐馆老板们纷纷找上门来，都希望她能继续售卖麻辣酱，但这次她坚决不卖，她可不想重蹈覆辙。

见陶华碧不为所动，有一位面馆的老板便和她开玩笑说："你既然能做出这么好的麻辣酱，还卖什么凉粉，干脆开家麻辣酱工厂，我们专门去你那里进货不是更好？"真是一语惊醒梦中人，陶华碧幡然醒悟：有这么多人爱吃我做的麻辣酱，那我还卖什么凉粉，不如专门卖麻辣酱，说不定比凉粉更抢手。

有了这个念头，陶华碧便开始行动。经过市场调研，她发现当时市场上还没有真正的麻辣酱面世，还是一片空白，前景光明。通过对市场的了解，陶华碧下定决心要做麻辣酱。

接下来，她辛苦地筹集了很多资金，并仔细考虑了地段，毅然决定舍弃自己经营了多年的实惠餐厅，并于1996年7月借用了南明区云关村委会的两间房子，招聘了40名工人，办起了食品加工厂，名叫贵阳南明陶氏风味食品厂，专门生产麻辣酱，并为其产品取名为"老干妈"麻辣酱。

说起“老干妈”这个名字的由来，还有一段故事呢！

当年，陶华碧还在地质队周边摆摊卖凉粉和米豆腐维持生计，邻近的贵阳红星机床厂技校的许多学生因陶华碧为人厚道、待人热情，经常光顾她的摊点，其中有一位叫欧阳梓刚的学生因家境不好，成天调皮捣蛋，经常打架斗殴，陶华碧对他印象十分深刻。因为自己也有儿子，所以陶华碧那颗母亲的心对谁都是一样，她逮着机会就对欧阳梓刚进行说服教育，希望他不要顽皮捣蛋，把心思多放在学习上，不希望他以后和自己一样因为没有文化只能做苦力活。对欧阳梓刚，陶华碧不像对待外人那般客气，反而像教育儿子一样教育他，还在生活上给予了他非常多的关心。

陶华碧在得知欧阳梓刚家境贫困，并打算辍学后，毫无顾忌地伸出援助之手，给予他资助，并劝说他打消消极的想法，积极面对生活。欧阳梓刚在陶华碧的多次教育之下，开始渐渐正视自己，并努力学习。欧阳梓刚感恩于陶华碧对他的帮助，改掉了自己一身的不良习气，并敬称她为“老干妈”，技校的其他学生也都随之喊起了“老干妈”，于是“老干妈”这个称谓便不胫而走，大家口耳相传之下，“老干妈”竟成了陶华碧的一个标签，连周围的许多群众也开始亲切地称陶华碧为“老干妈”了。

之后的欧阳梓刚通过自身努力，成为贵州省长顺县政协委员、县私营协会会长以及县某茶叶公司的经理。

1996年陶华碧创办了贵阳南明“老干妈”风味食品有限责任公司，并将公司产品也定名为“老干妈”，这个名字就得益于大家对她的称呼，那是一个亲切的代号。

陶华碧研制的“老干妈”麻辣酱系列主要有风味豆豉和油泼辣子两种。起初陶华碧的凉粉摊的主要调味品就是豆豉，她自小在饮食上的钻研就证明了她的天赋，之后凉粉摊的生意红火也证明了麻辣酱的潜力，再到后来的实惠餐厅，客户不吃凉粉只为了麻辣酱而来，这让陶华碧开始意识到麻辣酱的潜力。

成立公司之后，她更加重视产品的质量，如何才能让麻辣酱更受欢迎，并且符合大多数人的口味，这是她一直在钻研的问题。

从最初的摆摊时期开始，她的凉粉就已经表现出了与众不同，这当中的功臣，无非是她自制的麻辣酱，但陶华碧并不满足于此，她对产品的质量要求随着时间推移也愈发的严苛。

那时候陶华碧为了能保持敏锐的味觉，从来都是只喝白水，这个好习惯让她在之后的几十年中都保持着相当敏锐的味觉，能够很快分辨出辣酱中的成分以及各种成分的含量高低。足见她对自身的要求也是相当严苛的。

其实，在一开始，陶华碧还没有想到自己会做公司，只是想让自己的凉粉生意不要出现“歇业”的状况而已，所以会有意地限制麻辣酱的出售。但市场总是让人无法捉摸，很快她就发现，人们喜欢的不是她的凉粉，而是她拌凉粉的麻辣酱。于是，在创业氛围浓厚的贵州地区，她开始了她的麻辣酱的生意。

陶华碧的公司正式开业了，她正式走上了自主创业的道路。

为了响应改革开放的号召，贵州省当时就出台了针对民营企业的“五不限”法规——不限发展比例、不限发展速度、不限经营方式、不限经营规模、不限经营范围。

正是这样简单而开放的政策给了陶华碧很大的信心。

但凡创业的人，都需要对自己的创业项目拥有非常高的期望值，甚至通过一系列的SWOT分析等方式来判断自己的项目是否可以大赚一笔，如果没有至少八成的把握，那么大多数创业者都会选择放弃。陶华碧却没有考虑这些，她只知道自己的麻辣酱有人喜欢，而且是吃过的人都喜欢，这就是她创业的动力，她坚信只要有人喜欢，就有市场。当然，她也不是只凭着一腔热血就下定决心做麻辣酱的生意，而经过她多年来在实惠餐厅经营期间对顾客的反馈总结出来的，她相信麻辣酱会有一个美好的未来。

其实，刚创办公司时，她还是有些犹豫，一方面自己实在没有这方面的意识，本来她的实惠餐厅只依靠卖凉粉凉面，经营上不成问题，虽然不能大富大贵，但至少自己和孩子们的生活宽裕了不少，经济上没有什么大的压力。另一方面，自己只是一个目不识丁的普通农妇，怎么可能做得了公司那些复杂的事务，要和工商、税务等部门打交道，她还是有些畏惧。好在当时出台了非常好的政策，加上身边很多人都在鼓励陶华碧，认为她的麻辣酱很有市场，所以她便下定决心拼一次。

时至今日，很多创业者可能对于这样的市场都不敢有百分之百的自信说能做好，更何况在改革开放初期，一切都是百废待兴，陶华碧的凉粉生意让她的生活已经步入了小康水平，可她就是凭借着敏锐的商业嗅觉和敢于拼搏的精神，下了决心要将麻辣酱生意做下来。

创业需要胆量，需要冒险。冒险精神是创业家精神的重要组成部分，但创业又不等同于赌博。创业家的冒险和赌博的冒进是两个概念。有句话说“性格决定命运”，很多创业者因为性格的原因被挡在了成功的门外，而陶华碧属于那种偏保守的性格，她坚信一步一个脚印，实打实地做事，才能成功。正是性格使然，她才能舍弃凉粉生意，专心致志地钻研麻辣酱的制作。

她的麻辣酱工厂刚开业时，十分简陋，只有区区40个人，厂房也是租借的。不懂管理的陶华碧，只能一切亲力亲为，与全部员工同吃同睡，做着同样的工作。

陶华碧没有什么资金，也没有人脉，更没有得力的人手，但她创业，就是抓住一点，要做自己熟悉的，做自己擅长的，而且做大家喜欢的。对，就是麻辣酱，对陶华碧来说，她最拿手的就是制作麻辣酱，所以她看准这个机遇，开始了真正创业的第一步。

正所谓有竞争就有压力，有压力就要思变。

陶华碧的麻辣酱厂子正式运营后，出现了一系列让她始料未及的事情。

工厂刚刚成立，方方面面都面临挑战，人手不够、资金短缺、没有专业的设备……这些问题就已经让陶华碧焦头烂额了，然而最棘手的问题却是生产出来的麻辣酱没有合适的瓶子可装。当时市场上的玻璃瓶子基本都是窄口瓶，最初“老干妈”也用了这种瓶子来装，但很快她就发现了问题——吃的时候筷子伸进去却夹不出来，这导致很多人不愿意购买“老干妈”的产品。陶华碧想麻辣酱必须要用广口瓶装才行，可那时候的广口瓶是稀罕物，陶华碧自己心里也没谱。后来她开始设想自己理想中的瓶子形状、大小和容量等，并期待将它变成现实。

带着自己的期待，陶华碧开始去找临近龙洞堡的贵阳第二玻璃制造厂（简称贵阳二玻），希望能够制造出理想中的罐装玻璃瓶。

当时的贵阳二玻是年产1.8万吨的大型国企，绝对看不上陶华碧那几百个“定制”玻璃瓶的单子。陶华碧人生中第一次商业谈判以失败告终，而且是惨败，因为人家对她的订单完全没兴趣。

每一个创业者在创业之初，都会遇到各种各样的瓶颈和挑战，或者是找不到投资人，或者是产品找不到销路，而陶华碧不需要投资人，也不发愁销路，她只是希望自己的麻辣酱能够通过一个合适的载体到达消费者手上。可这样的小小愿望却难以实现，因为当时她的公司实在是太小，没有配套的运营和商业谈判经验。

但是这并没有让陶华碧死心，天生的倔脾气和不到黄河心不死的性情，让她一定要坚持到底。

从此以后，陶华碧每天都去软磨硬泡，希望能够用真诚“打动”领导。

对陶华碧来说，唯一能用上的办法就是“不要脸”，她既无人脉又无财脉，只能靠一张嘴去尽力说服贵阳二玻的领导。一次不成，两次三次，不死心也不放弃。

从那之后，只要一有空，陶华碧就会找上门去，围着贵阳二玻的生产线负责人转悠。人家看不上她那点小生意，不肯为她开设生产专线。

她对负责人说：“哪个娃儿是一生下来就一大个哦，都是慢慢长大的嘛，今天你要是不给我瓶子，我就不走了。”

她说到做到，真的是天天如此。终于，软磨硬泡了一段时间后，贵阳二玻的负责人被她这样执着的精神感动，双方达成了如下协议：玻璃厂允许陶华碧每次用提篮到厂里捡几十个瓶子拎回去用，其余免谈。

二玻厂领导松口允许陶华碧在车间自行寻找她中意的玻璃瓶，但仍然拒绝为陶华碧开设专门的生产线。尽管如此，陶华碧仍然非常兴奋，因为她至少已经抓住了一线生机，一直以来压在她心头的重担似乎落了地。

自那以后，陶华碧经常在空闲时间挎着篮子去贵阳二玻捡瓶子，活像一个拾荒者。可对她来说，这是企业得以生存下去的一次难得的机会；对她个人来说，也是跨越第一障碍的良好开端。她在二玻厂里捡的瓶子大小形状各不相同，但大部分都是广口瓶，和现今流行的辣酱、罐头行业的玻璃瓶外观基本类似。

不死心，为她打开了另一扇窗，瓶子的问题解决之后，“老干妈”麻辣酱终于赢来了一次革命性的发展。

没过多久，陶华碧给贵阳二玻的负责人打电话说：“这一次我要一万个玻璃瓶，现款现货。”

就这样，二玻为“老干妈”辣酱开启了专门的生产线，陶华碧终于可以根据自己的喜好定制专门的辣酱玻璃瓶外形了。这次，她的“老干妈”辣酱要真正扬帆起航了。

做生意有时候是一种艺术，是一种不怕失败、不怕碰壁的艺术，同时也是一种责任感。如果不是靠着“死缠烂打”和“软磨硬泡”，陶华碧就没有瓶子，也就没有麻辣酱的今天。那种强烈的要让企业存活，要让生产线继续下去的勇气和责任感，才使得陶华碧逐渐走向了成功，也让她的麻辣酱事业得以继续下去。

说到做生意创业的诀窍，这当中有一条非常重要，那就是“不死心”。

不死心就是不轻易放弃，要适当拉下脸面，不顾形象，只要能做成生意，谈成订单，多一点付出，多一点坚持，也许就能看到不一样的结果，多一次尝试就多一分成功的可能。

不死心，才能打开另一扇窗。

·5·

把辣椒当作苹果切，这点苦不算什么

创业的开始总是充满辛酸和困难，这是不可避免的，面对困难，有人选择了放弃，有人选择了抱怨，但有人选择了乐观。

1996年7月，“老干妈”麻辣酱正式开始生产。

当时的条件还很落后，生产线也都是纯手工操作，没有机器设备使得麻辣酱的制作变得十分麻烦，不仅制作工序繁琐，而且酿制过程也十分艰辛，尤其是捣花椒和切辣椒时，辣椒溅起的飞沫辣得人不停地流泪。这活又苦又累，工人们坚持了没多久就开始抱怨，谁都不愿干这活。陶华碧知道后就亲自动手，她手里挥着菜刀，嘴里还不停地说：“我把辣椒当成苹果切，就一点也不辣眼睛了。”

作为企业的带头人，陶华碧从来不叫苦不叫累，总是事必躬亲，带头上阵，更不会畏畏缩缩。这种积极的工作态度令员工们非常感动，备受鼓舞。于是大家纷纷拿起菜刀，和陶华碧一起干起活来，整个工作间里传出的切辣椒的声音，就像一首劳动之歌，工作似乎没那么枯燥而乏味了。工作时的陶华碧从不把自己当成一个领导者，一个高高在上只需要对他人发号施令的领导者，而是把自己当成一名普通员工，亲自去工作间干活，从不搞特殊，更不会对员工呼来喝去。她处处领导着大家，又和大家一起工作，从不惜力，结果并不硬朗的身体累出了肩周炎，十个手指甲也因长期接触麻辣酱而全部钙化了。

创业的辛苦超乎想象，并不只有表面上的风光，背后的付出往往是艰辛无比的。

要有陶华碧这样的乐观心态，把辣椒当作苹果切，这样的苦在整个创业过程中几乎算不得什么，因为这还只是一个开始。

经过一段时间的努力，大批的麻辣酱被生产了出来。当地的凉粉店蜂拥而至，订购了不少陶华碧的“老干妈”牌麻辣酱。

但由于当地的凉粉店需求有限，销路一时受阻。麻辣酱属于有保质期的调味品，必须得想办法将大量的麻辣酱快速销售出去才行，否则滞销带来的后果也是非常严重的。这时候，陶华碧想到了用实地推销的笨方法来打开销路。

想到就去做，陶华碧独自一人背着装罐的成品麻辣酱到周边各个食品商店和单位的食堂进行推销，她说服店主和食堂主管先放几瓶麻辣酱试销，如果有人买她会再送货来，如果没有人买，就先放着，等卖出去后再结款。这种销售方式让店主们非常放心，于是都进了几瓶放在橱窗出售。

没想到这种方法竟然奏效了。不到一周时间，进了货的商店和食堂竟纷纷打来电话叫她再送加倍的货过来。

这令陶华碧非常满意，至少手里的货都顺利销出去了，没有了后顾之忧。

“老干妈”麻辣酱很快就凭借着强劲的势头在贵阳市站住了脚跟。这时，陶华碧心想：水深水浅都试出来了，我“老干妈”还怕什么？老话不是说要“趁热打铁”吗？索性，我扩大规模，把工厂办成公司得了。

1997年8月，“贵阳南明“老干妈”风味食品有限责任公司”正式挂牌，工人从最初的40人扩大到200多人。小工厂扩大成公司后，小打小闹地生产一些产品满足周边部分商户的需求已经不再是“老干妈”的追求，创业的激情和取得的成果让陶华碧想干出一番更大的事业。

一旦办了公司，一切就都要走上正轨，产供销等链条要全部接上，不能只凭着个人好恶来做事，必须按章程办事，财务、人事等等也该一应俱全。但是没上过学的陶华碧对财务报表非常头疼，那些数据和条条框框在她眼里就像天书一般难懂。不仅如此，还有工商、税务、城管等很多对外事务都要应酬，政府有关部门还经常下达文件要她贯彻执行，陶华碧不愿假以他人之手，亲自处理各种报表信息，虽然这些对陶华碧这个大字不识几个的妇人来说，简直比登天还难，但她天生就不怕困难，硬是要求自己一定要闯过这些难关。

其实“老干妈”的财务报表很简单，由于陶华碧一直坚持“一手交钱，一手交货”的生意理念，所以财务报表只有比较简单的进账和出账，没有复杂的借贷关系。

通常财务报表都是财务人员念给她听。为了能够听懂财务报表，陶华碧苦练起了记忆力和心算能力。凭借着不服输的毅力，她终于练出了超出常人的记忆能力和心算能力。后来的财务报表，只要财务人员念一两遍，她基本都能记住，有问题的地方她也能及时指出来。

然而真正让她觉得无力应付的是参加政府主管部门召开的各种会议，还得上台发言。陶华碧没有读过书，所以参加这些活动对她来说简直就是赶鸭子上架！

当时，陶华碧的大儿子李贵山从部队转业到206地质队汽车队工作，有高中文凭的他从汽车队辞职来到母亲身边，帮助她处理公司的文件。李贵山辞职还是瞒着母亲陶华碧的，因为怕她不同意，毕竟创业的风险是很大的。但他想到母亲一人独撑一个公司非常辛苦，所以便来襄助母亲。

从此之后，读文件就成了李贵山每天的必修课。他读，陶华碧听。经常是读着读着，陶华碧会突然站起来，用手指着文件说："这条很重要，用笔划下来，马上去办。"

那时候的陶华碧还不会写自己的名字，只能在文件上画圈圈，当李贵山看到母亲在文件上的"签名"时，哭笑不得。他在纸上写了"陶华碧"三个字，告诉母亲这就是她的名字，要学会写，以后的用处很大。陶华碧为难地摇头感叹道："这三个字，很复杂，很复杂呀！"

虽然复杂，但陶华碧还是拿出了剁辣椒时的"气力"来练习这三个字。对于从没有上过学、拿过笔的她来说，写字这件事着实很难，但为了公司的未来，为了自己的未来，她只有拼命苦练。

为了练好这三个字，陶华碧将自己关在屋子里整整三天，终于学会了。高兴之余，她给全公司的员工加餐一顿。

凡事只要认真就有成功的可能，如果能够扛过创业之初的辛苦，就能等到梦想实现的一天。

“老干妈”就这样在陶华碧的带领下，一步步地从街头小调料走上了批量生产的康庄大道。

第二章
目不识丁照样做大生意

知识和能力是相辅相成的，但又互不影响，“老干妈”陶华碧的创业成功是能力使然，更是自身不断努力的结果。

·1·
制度就是“不能偷懒”

陶华碧没读过书，但她仍然靠自己的能力办起了食品加工厂，又开了公司，堪称创业典范。

当年，陶华碧的大儿子李贵山帮助她经营公司，制定了“老干妈”公司的规章制度，但陶华碧却并未采用儿子的方案，因为她认为这些东西都是其他公司在用的，毫无价值和意义。这些规章表面上看起来规规矩矩，实际上对员工起不到什么作用，也没人会喜欢看那些正经八百的文件，毕竟来打工的大多数人都没什么文化，不如一些实际而简单的制度来得有用。

于是陶华碧自己琢磨了一套方案，其实也不能说是方案，因为到目前为止，外界还没人看到过它的原文，只是从“老干妈”总经理谢邦银那里听来的，里面的内容都是一些诸如“不能偷懒”之类的句子，十分简单朴实，不像是公司的员工制度，倒像是长辈对晚辈的殷切教诲。

就是这样一份极简的规章制度，让“老干妈”公司从成立至今都始终保持稳定，从未出现过任何问题，人人都愿意遵守。

正所谓“大道从简”，用最简单的话语将条条框框变成温馨提醒，既保留了人情，又表达了制度的要求，可谓一举两得。

可能有些人会认为，因为陶华碧没读过书，太过于正经而复杂的制度她自己也看不懂，更别说要让员工们遵守了。事实上，“老干妈”公司里不乏优秀的职业经理人和知识分子，但大家都一致认定“老干妈”所规定的制度合情合理，并且易于遵守。

老干妈用生活中总结出的简单道理替换了繁冗而生硬的条例。生活的哲理就是知识的体现，而条例便是文化的体现。

可见文化和知识其实是两个完全不同的概念，却又是对立统一、相辅相成的关系。

陶华碧由于幼年家境所限，没能像普通孩子那样去读书，所以她没有文化基础。可是随着年龄的增长，她的所见所闻都开始成为她的知识储备。

陶华碧用在生活中学到的知识组建起了自己的公司和优秀的团队。“老干妈”公司的人员结构很简单，没有常规的董事长、副董事长以及副总经理，只有5个部门，陶华碧作为最大的管理者，她下面就两个主管，一个管业务，一个管行政。时任业务主管的谢邦银曾笑称自己就是个“业务经理”，因为要做的事情和普通员工一样，都要到一线去。

也许那些办公司的道理和教条对陶华碧来说，不仅是累赘，而且是麻烦，她习惯于用自己的话语来总结生活的经验和成功的点点滴滴。对于一个农妇来说，拥有如此大的成就已经让人羡慕不已了，没人会因她的文化水平而嘲笑她，反而都对她大加赞赏，因为她对市场敏锐的洞察力令她异常的优秀。

作为管理者，往往会制定一些过场型的工作制度，但每个公司的情况都不尽相同，不能照搬他人的模式，而应该结合自身情况，制定相应的章程，这样才能够让公司更便于管理，让员工更自觉和团结。

冰冷而教条的制度会将管理者和员工的距离拉得很远，而陶华碧制定的员工制度则简明亲和，大道从简，无形中拉近了上下级之间的距离，让管理工作更加得心应手，不会出现不服管教或者僭越制度的人存在，这也是符合“老干妈”公司的实际情况而存在的。

陶华碧说：“我每天晚上7点钟都要看《新闻联播》，全靠这个了解天下大事。我觉得我们国家很好，温家宝总理好，李克强总理也好。中国这么一个大国，他们一定很辛苦，要考虑好多事情，像我们企业家、平民百姓，都要靠他们。”

陶华碧没有读过书，唯一会写的三个字是她的名字，还是在儿子的多次指导下才学会的，但就算如此，她还是每天坚持看《新闻联播》，从新闻中获悉天下大事，获悉民生疾苦，从中也学习到国家的政策和对企业有用的信息。

陶华碧看《新闻联播》就说明她不仅是一个企业家，更是一个不断寻求上进的企业家，完善自身并从各种渠道获取对企业成长有利的信息是她管理企业的方法之一，也是最直接、最简单的方法。只有领导人成长了，企业才能得到长足发展。

有一次陶华碧看完《新闻联播》后说："我们国家，就要做大、做强、做好。经商的人，个个都要诚信纳税，我们企业做好了、做大了，中国也能更强大，更好了。"

作为一个生意人的陶华碧虽然不懂诗书，可她懂得知识对一个人的重要性，已经没有太多闲暇时间去专门学习的陶华碧，只有通过看电视来获悉知识，这是她学习的重要途径。其实，对于一个创业者来说，适时充电是非常重要的，不论是高学历，还是目不识丁，都要不断吸取对自身有益的知识。

一个人决定创业，就要明白要涉足的领域一定是自己十分热爱的，这是成功的首要因素，陶华碧的"老干妈"麻辣酱能够获得成功全凭她对麻辣酱的一腔热血。

但是，光凭一腔热血是不行的，还必须符合以下几点才能称之为一个合格的企业家。

首先是高效。市场上有一本畅销书叫《请给我结果》，究其原因，是因为这本书的主旨是要求一个工作者在工作中不要过分的关注自己付出了多少，而要关注自己为企业创造了多少价值。没有价值，就算过程再艰辛，也只是无功劳有苦劳，而一个企业是从来就不缺苦劳的，所以艰辛的过程不但不能显示出你的优秀，反而会让人怀疑你的工作能力。作为创业者，要更加重视结果，只有高效地完成工作，才会有令人欣慰的结果。大多数创业者在创业之初，往往会算计太多，比如衡量产品是否受欢迎，产品市场前景是否广阔，失败后如何挽回损失……诸如此类的问题太多，无异于给创业者铺就了一条荆棘满布的路。而陶华碧的创业路却不同，她不喜欢算计太多，认准市场就埋头苦干，在自己喜欢的事情上她会奉献全部的精力，她也不会分析什么复杂的道理，就知道只要努力生产麻辣酱然后推销出去就能赚钱。如果没有高效的工作效率，占住市场先机，那么可能今天火遍全球的调味品就不是“老干妈”了。

所以，高效率是创业者必须要学会的第一件事。

再者就是要敢于承担更多的风险。创业之初的陶华碧只有40个工人，全部纯手工制作麻辣酱，当时的她并没有仔细想过这些辣酱做出来之后要销往哪里，她只是一心一意地创造，等产品做出来了再说。

对于陶华碧来说，创业的风险就是销路。她自信产品的质量和口感能够得到消费者的喜爱。但当批量的麻辣酱生产出来后，她却面临着曾经向她订购的餐馆和饭店短时间难以消化掉如此多麻辣酱的问题，而厂子里还是得天天生产。这时候她想到了自己出去推销的方法。

陶华碧通过定点试销的方法，成功地找到了销路，也收获了一群忠实的消费者。敢于承担风险，同时又能找到规避风险的方法是一个企业家必备的素质。

第三个条件就是要记得随时充电。普通人随时充电才能让生活更加顺利，而一个创业者就更加要懂得用知识让自己的头脑充实起来，这样才能应付接踵而至的一系列问题，避免出现措手不及的状况，让企业蒙受损失。陶华碧就用看《新闻联播》的方式来为自己充电，不但学习了最新的国家政策，还了解到各地的民俗风情和社会现状，一举多得。

·2·

梦想有多大，心就有多大

说起理想，每个人都有。对于一个创业者来说，理想更是天天挂在嘴边，记在心上。而梦想，那是带着些虚无缥缈却又让人心猿意马的梦境，但又想让它成为现实。于是，梦想是理想的先兆，理想是梦想的具体表达。

但理想和梦想终究不同。有句话说，梦想是梦里想想，理想是理所当然要去想。所以，梦想有时候会显得遥不可及，而理想却是实实在在的。

其实，梦想是一个人格局的映射。梦想有多大，心就有多大；心有多大，事业就有多大。

幼年时的陶华碧认为只要能吃饱穿暖就是幸福的事，嫁人后，她的目标是让孩子健康成长，再后来，丈夫病逝，她一个人要养活一个家，此时才不得不出来做一些自己从来没想过的事情，从外出打工到摆路边摊。

一个人的格局在一定程度上是由环境决定的，但更多的是由骨子里的梦想决定的。

作为一个目不识丁的农妇，她本身的格局或许很小，但陶华碧的经验却不少。自小就喜爱钻研美食的她，在摆摊的过程中，又学会了制作麻辣酱，并将它用到自己的凉粉中，这让她的生意十分红火，至少比其他摊位卖得好很多，几乎是宾客盈门，而且都是冲着她的麻辣酱来的。

摆摊的过程中，她不断地积累人脉和经验，这为她成为一个懂得察言观色的企业家奠定了一定基础。

后来，她放弃了凉粉生意，改做麻辣酱。

当时做麻辣酱生意的人几乎没有，那是一个百废待兴的时代，谁能够占住先机，谁就能成功。

陶华碧虽然没有文化，但她却深深地认识到，在那个年代，早作打算就意味着能早赚钱和早成功。于是，她用自己并不多的积蓄办起了食品加工厂，这就是“老干妈”公司的前身。

所有的创业都不是一帆风顺的，可能我们看到的光鲜背后，是不能言说的辛酸历程。

从大字不识到扬名国际，把5块钱的生意做到32个亿，“老干妈”的成功不是一句话就能说得清的，但有一点却相当确定，那就是她的成功源自于她用自身的经验一步步地去验证成功的可能，才走出了属于自己的独特的道路。

理想，有时候很遥远，但只要明确自己的优势，找准切入点，用经验构建理想，早晚有一天也会找到属于自己的成功之路。

成就梦想不是一蹴而就的，而是经过无数个艰难的过程逐步实现的。

陶华碧的麻辣酱王国也不是最初的设想，而是从摆摊卖凉粉到开食品加工厂，最后才有了“老干妈”的诞生，这当中的契机就是市场的不断变化，而市场变化又促使了陶华碧不断地变化格局，将心的范围扩大：从想做最好的小摊到小餐厅，再从食品加工厂到公司。

所以说，梦想有多大，心就有多大。创业者更加要明白这一点，对未来的展望要将市场与自身结合起来，不低估自己的实力，也不夸张自己的能力，重要的是提升格局，放大自己的内心。

·3·

“老干妈”的名片就是麻辣酱

关于名片，其起源于交往，我国封建社会便出现了最早期的名片形式，被称为“谒”。后来随着时代的变迁，名片经历了“拜帖”到“名帖”的发展，一直到清朝才被正式命名为“名片”。由此可见，名片在我国已有非常悠久的历史，并且在生活及商业交际中扮演着相当重要的角色。

名片对一个普通人来说可能并没有太大的作用和影响，但对一个企业家来说，却是必不可少的。

一张小小的名片是信息时代的联系卡，能够让接受者最快速度地了解名片主人的信息以及公司的基本情况。可以说，名片对一个企业主来说，是非常重要的，甚至有时候影响着企业的运作。一张好的名片不仅为企业主带来美誉，更可能为企业带来丰厚的收益。

“老干妈”公司走上发展正轨之后，公司也收获了诸多荣誉，领头人陶华碧的生活也因此改善了许多，早已经不再为生活而疲累奔波了。可即使如此，她也从没打算就此停下来静享清福，而是继续风风火火地管理着几千号人的大公司。

陶华碧一手将公司业务管理得井井有条，她自信麻辣酱就是公司的招牌，更是自己的名片。

有一次，一位香港商人来“老干妈”公司考察，他对陶华碧十分敬仰，递出自己的名片给陶华碧以便能在今后做更深层次的交流。没想到，陶华碧微微一笑，摆手说道：“抱歉，我不用名片。”那位港商很是惊讶，不由得感慨起来：“您是我见过的唯一没有名片的董事长。”陶华碧一笑作答，她自信地想：全国各地，能吃辣椒的人有几个没吃过“老干妈”麻辣酱呢？“老干妈”不就是最好的名片吗？

在陶华碧的眼里，名片不只是一个人的基本简介，写着名字、电话、邮箱和职位等信息的简单介绍，而是最能代表一个人、一个企业的形象的东西，然而一张小小的名片纸上是写不下这么多内容的，所以她干脆选择不用名片。

但是，很显然名片是一个生意人不得不用的东西，陶华碧做生意多年自然明白这个道理，可她宁愿相信产品会说话，也不愿意用一张薄薄的纸来代表“老干妈”的态度。

可企业家总得有名片才行，那就用“老干妈”麻辣酱来做名片。既然是名片，那肯定就要有辨识度，至少要与众不同，要有特色。对陶华碧来说，普通名片上的东西自己也看不懂，与其怀揣这些自己完全不懂的东西还不如让自己遍布全国各地的“老干妈”麻辣酱来给自己做代言。

随着“老干妈”企业的持续稳定发展，“老干妈”麻辣酱的品牌也开始广为人知。但是，俗话说“人怕出名猪怕壮”，产品卖得好了，假冒的就出来了。最多的时候，全国各地的市场上每年差不多有50多种假冒的“老干妈”，这是陶华碧最为头痛的事。

“老干妈”是她的名片，可是假冒“老干妈”是不是也会被人们认为是她公司生产的“老干妈”？那不是给自己的名片抹黑吗?

对于那些假冒的“老干妈”，陶华碧卯足了力气打假，坚决不讲任何感情，也不留余地。虽然假冒的“老干妈”就像韭菜一样，割了一茬又一茬，但她却从不放弃。最过分的是湖南的一家“老干妈”，无论陶华碧如何打击，其依旧我行我素。陶华碧不依不饶地与这家“老干妈”打起了官司，且一打就是3年，中间经历了道不尽的波折和心酸，但陶华碧坚持不懈，始终不放弃自主权。

最终，陶华碧的“老干妈”终于击败了湖南的“老干妈”。这一回，陶华碧吃一堑长了一智，2003年5月她的“老干妈”品牌获得了国家商标局的注册证书，成了独一无二的真正的“老干妈”。这张名片也算是被她真正地攥在了手里，成为最闪亮的代表。

如今，“老干妈”公司累计产值已超过23亿，累计纳税10亿元以上。陶华碧这个没上过一天学的农村“老太太”，把一个民营公司办到这种水平，不得不令人赞叹。

名片就是企业的形象，产品也是公司的名片，所以维护好名片就维护好了企业的未来。

·4·

既然要做，就要做大

“老干妈”公司的2000多名员工中，绝大部分是来自农村的富余劳动力和国有企业下岗职工。为带动更多的农民致富，“老干妈”公司大力扶持和扩大原材料种植基地，目前建立的原材料基地达36万亩，并聘请专家对基地农户进行种植技术指导，提高农作物质量和产量，在保证自身原材料品质的同时，加大力度帮助农户发展生产。

“老干妈”公司充分发挥龙头企业带动农户致富和推进产业化经营的作用，积极实施品牌经营战略，利用品牌优势，加快实施品牌扩张，跨行业、跨区域、跨领域加速发展。

从一个路边摊一口气做到了麻辣酱行业里的龙头领导者，着实不容易，也不简单。

“老干妈”陶华碧虽然没有什么大学问，但在商业气氛浓厚的贵州地区，她凭着过硬的麻辣酱炒制技术和过人的商业胆识不断扩大自己的经营规模，让麻辣酱走上了千家万户的餐桌。陶华碧说：“做生意就要这样，要做就做大。”

目前的“老干妈”公司正保持着稳定而快速的发展，这也是得益于陶华碧敢作敢当的性格，审时度势，不断扩大视野。

对于一个企业来说，扩大市场和公司的规模也是非常重要的，一旦企业发展到一定阶段，都会考虑用扩大规模来提升企业的影响力和市场的占有率等。

那就要从以下两点来确定是否可以扩大规模以及如何扩大。

第一，最佳经营规模的确定。

一个企业在发展过程中，势必会扩大或缩小经营规模，而决定是缩小还是扩大的基本条件就是规模效益的大小。在现代经济学的生产理论中，规模效益有递增、递减、不变三种情况，所谓最佳生产经营规模，就是边际收益率为零分界点的经营规模，在此状态下，企业平均成本最低，收益最大。

企业最佳生产经营规模的形成受到许多因素的制约，大致包括以下几个方面：

生产要素的均衡性。生产经营规模的改变涉及的不仅仅是资金的投入或收回问题，而是各项生产要素的增加与减少问题。要保证生产经营的正常有序进行，投入的各项生产要素必须均衡，即各生产要素之间要保持一定的比例。但在现实经济生活中，由于各种客观条件的限制，企业对一些生产要素的需求并不能得到完全满足，比如人力资源。

市场变化。企业的产品具有特殊性，即先有买主，再有产品，只有承揽到足够的任务，即找到产品的买主，才能开始生产，从而使各项生产要素不被闲置。

科学技术和管理的现实水平。规模效益的递增需要有和经营规模扩张相适应的科研水平、技术水平和管理水平才能实现，生产任务承接后，如果不具备或不完全具备完成该项目的科研技术水平和管理水平，则必然难以实现规模效益的递增，这是企业在决策时应该考虑到的重要因素。

如上所述，当企业达到最佳生产经营规模时，平均成本最低。

从长期来看，公司的所有成本都是变动的，即所有成本都是变动成本。企业各个时期都要从最低平均成本出发来确定经营规模。

第二，企业实现最佳经营规模的现实选择。

最佳经营规模的确定，是企业必须面对的一个现实课题。如何实现最佳经营规模，是企业在运作过程中必须做出的现实选择。

实现最佳经营规模的基本方式有内涵方式和外延方式两种。内涵方式是指在现有生产规模保持不变的情况下，通过充分利用现有资源，节约投资成本，提高投资效率，但这种方式受现有设备等生产要素和条件的限制；外延方式是指通过投入的不断增加达到规模经济，这种方式具有速度快、不受现有资源约束的特点，但是需要加大投入，资金筹集可能变得更加困难。外延方式和内涵方式各有利弊，在现实经济生活中，应交叉使用，取长补短，不能凭主观臆断决定采用哪种方式，而应结合企业自身的实际情况，综合权衡后做出决策。

从目前我国企业的总体状况来看，经营规模偏小、管理水平低下已成为阻碍整个行业发展的一大障碍。随着我国加入世贸组织，国外企业必将大量涌入。面对国外大型企业的竞争，我国企业的生存将面临更大的困境，而走规模发展之路则是摆脱困境的一条重要途径。

要实现规模经营，应重点考虑以下几个方面：

第一，通过股份制改造，组织优势互补、联合发展的大型企业集团。股份制改造后，集团内通过相互参股、控股等方式，将集团内各企业紧密地联系在一起，组成一个稳定的利益共同体。随着经营规模的扩大，以母公司为核心的集团，不但可以形成从任务承揽、工程项目建设到技术开发的有机整体，而且可以通过多元化经营来分散经营风险。应当注意的是，以行政纽带组成的企业集团（即集团成员企业之间是基于上下级行政隶属关系联合起来的，下级企业服从上级企业的管理），不能算作现代化的企业集团。这种联合方式的产权关系不明晰，缺乏内在结合的基础，很难形成凝聚力，不能发挥集团整体优势，不是我们所说的集团。

“老干妈”目前还没有这方面的打算，陶华碧认为这是一件非常麻烦的事，或者对她来说这都是一些非常难懂的东西，经营规模的确定，她只凭借自己的理解和经验来完成。

第二，通过市场竞争，以经济利益为纽带，兼并那些规模较小或效益较低的弱小企业，在兼并中完成企业规模的扩张。目前企业的竞争非常激烈，规模较小的企业由于受到各方面条件的限制，在竞争中更容易处于不利地位。此时，大企业对小企业的兼并，不论对兼并方还是被兼并方，都是有利的。但是，这种兼并应该是在尊重市场经济规律的基础上进行的，这样才不会损害到企业的长远发展。

第三，提高经营管理水平，充分挖掘内涵式发展的潜力。选用内涵发展方式，是企业在通过组建企业集团和兼并、联合等方式扩大经营规模的同时作出的必然选择。在管理水平上，和国外企业相比，我国企业还有很大差距，在加强管理、提高管理水平方面还有很长的一段路要走。因此，外延式发展和内涵式发展、企业规模的扩张与管理水平的提高，必须在实现最佳经营规模的过程中同时采用，不可偏颇。如果管理过程中出现失误，则会造成资源的闲置和浪费，那么组建企业集团或兼并联合后企业规模的扩张，对于达到最佳经营规模也是毫无意义的。

总之，最佳经营规模的确定与实现是企业管理者必须面对的一个重要问题，在这一问题的解决过程中，定性分析和定量分析的方法必须同时运用，企业自身的实际情况与外界环境都应详加考虑，并综合平衡各相关因素的影响，才能做出更加科学和更加有利于企业发展的决策。

在“老干妈”企业发展过程中，最大的一次改革是由贵阳南明陶氏风味食品厂改为贵阳南明“老干妈”风味食品有限责任公司，这是一次深刻的改革，让“老干妈”从此走上了长盛不衰的发展之路。

稳步发展中的“老干妈”公司仍然聘请了一群对市场和营销十分在行的智囊团来管理公司的一切事务。尽管陶华碧的胆识是“老干妈”始终走在同行前列的重要原因，但智囊团也会从各方面进行分析，让“老干妈”在调味品市场始终能够超越同行，拥有不可忽略的一席之地。

纵观“老干妈”的麻辣酱帝国发展历程，我们不难发现，及时掌握市场导向并果断地做出决策是一个企业主必须具备的基本素质。而企业发展过程中，也要适时地引进人才，才能保证企业有序平稳地发展。

企业的营业收入和规模大小不无关系，在保证技术成熟和市场需求强烈的情况下，何不效仿“老干妈”，既然要做就要做大，这样更有利于品牌的推广和市场的占有。

·5·

把握机会，成功看似偶然，却是必然

彼得·德鲁克曾说，要想取得成就，必须在使命感的驱使下“从一而终”，把精力专注在一件事上。没错，专注才能有所成就，但仅有专注是远远不够的，还需要从各方面着手，把握住机会才能够成功。

“老干妈”麻辣酱本是普普通通的调味品，在国内价格便宜，但谁能想到它在国外竟成了“奢侈品”，这颇为另类的成功之道，蕴含着深刻的道理，也带给我们非常多的启示。、

原本只是用来下饭的“老干妈”麻辣酱成了奢侈品，有网友不禁调侃：看着桌上原先默默无闻的“老干妈”，觉得自己瞬间变成“高富帅”。

“老干妈”公司很快就出来表态，说该产品在美国、欧洲的销售单价其实只要2、3美元。也就是说，在国外，华人要想吃到家乡的麻辣酱，也是很容易的，并不需要花比国内更多的钱。

转瞬之间，“老干妈”就还原了草根本色，然而细细想来，这一品牌

背后的价值还真的被低估了。

“老干妈”公司由陶华碧1997年创立，到2012年产值已高达33.7亿元。有人统计，“老干妈”公司一年要用掉12300吨干辣椒、17000吨大豆、贵阳全省近一半的菜油，解决了几百万农户的农产品销路问题。更令人钦佩的是，陶华碧没背景，没资金，也没什么文化，却从路边小吃店起步，把“老干妈”做成贵州省龙头企业。

在贵州省，“老干妈”与茅台齐名，有段时间关于后者申报奢侈品资格的传闻不绝于耳。同样牵扯到奢侈品，同样是响当当的名牌企业，一个是历史悠久、躺着都可以赚钱的上市公司，一个是白手起家、一步一个脚印做大的草根企业，但两者比起来，“老干妈”的成功显然更具借鉴价值。

在讲究品牌推广、上市圈钱，注重政商关系的今天，“老干妈”显得十分另类。将近20年间产值增长近70倍，却几乎没有广告投入，而是靠消费者口口相传。“老干妈”一直没有上市融资，始终奉行“现款现货”的理念，十几年财务报表里没有应收账款和应付账款。

“老干妈”在诚信上的坚持也令人惊叹。它打造出一条坚实的“诚信产业链”。原料商提供辣椒时，辣椒要一只只地被剪蒂后再分装，保证没有杂质，谁也不敢大意；对企业员工讲究信任和爱护，公司里极少有人愿意离开企业；对经销商，“老干妈”从来都是一手交钱一手交货，“我从不欠别人一分钱，别人也不能欠我一分钱”，在诚实互信的基础上形成稳固的利润共同体。

“老干妈”看似另类的成功之道，实则蕴含着巨大的信息量。

“老干妈”麻辣酱系列是典型的传统产业，十几年如一日始终在小小的辣椒上做文章，其实正是这些小事情成为温州等城市典型的创富故事。基于成本上升、竞争激烈等原因，这样的小型商业模式逐渐被抛弃，似乎只有做地产、金融、互联网等新兴产业才能赚到钱，然而，对于大部分微小企业来说，只能从门槛低、技术含量不高的传统产业做起，那么它们今天还能够成功吗？“老干妈”无疑提供了最鲜活的范例。

那些有着很多兴趣，缺乏专注的人，大多会失败。“老干妈”恰恰就是一家抱定一个目标的企业，十几年来始终专注于一个看似不起眼的辣椒产业，却能抓住机遇让自己不被时代的洪流冲垮，反而越做越好。

对于刚踏入商业领域的“菜鸟”来说，“老干妈”以自己的成功告诉他们：“大钱挣不来、小钱不想挣”最要不得，即使有一千个理想、一万分豪情，但只要没有诚信踏实的单一使命，成功就永远只会是镜中花水中月而已。

除了踏实肯干，要想成功，最重要的一点就是抓住机遇。所谓机遇，就是在合适的时机做了一件正确的事，那么成功便会不期而遇。

1996年以前，陶华碧只是一个做凉粉生意的小摊主，她没想过要做公司，更没想过会靠麻辣酱致富。但她后来一步步地走到了麻辣酱王国的顶端，这一切无不源于她个人思想的改变和社会的改变。

在机遇面前，人人都是平等的，但在成功面前，却不平等。因为有的人懂得抓住机遇，有的人却让机遇白白流失。

“老干妈”的成功，看似偶然，实则是必然。陶华碧及时地把握住了机遇，并且严格要求自己，才将麻辣酱产业做到了极致。所以，成功的因素中有一项非常重要，就是把握机会，看准市场。

最值得一提的是，在“老干妈”的成功道路上，当地政府扮演了“恰如其分”的角色，对于“老干妈”这样的民营企业，呵护而不干涉。“老干妈”经营了几年后政府就给予税收减免的优惠，陶华碧有意见会当面提出，即使不给相关领导面子，当地政府也会接受。而对于政府提供的良好发展环境，“老干妈”用真金白银作为回报，十多年来纳税额增长了超过130倍。

第三章
好口碑就是好营销

优秀的营销方案可以让市场迅速认识并接纳其产品，而一个失败的营销方案带来的也势必是市场的淘汰和不被认可的无奈。

营销策略是一个企业最重要的一项决策，“老干妈”的营销就是做好产品，让市场去评说。

·1·

好产品用质量说话

邓小平说过："发展才是硬道理。"今天，产品质量就是企业生命，已成为一个企业在市场中立足的根本和发展的保证。产品质量的优劣决定产品的生命，乃至企业的发展命运。没有质量就没有市场，没有效益，更不可能有发展。因此，质量才是硬道理，特别是当今世界经济正处于低迷时期，我们更要狠抓产品质量，才能做到以质取胜，立于不败之地。

陶华碧对自己的"老干妈"麻辣酱系列产品非常有信心，在她开凉粉店时客户对凉粉没有麻辣酱就会转身走掉这一态度，就足以证明麻辣酱的潜力之巨大以及质量之可靠。创立公司之后，她更是亲自上阵，严格把控产品的生产细节，确保生产过程中环境的卫生以及产品自身独特的风味，因为只有质量才能让企业真正走上可持续发展的道路，其它任何的投机取巧都只能是暂时的风光，之后只会让企业加速地走向灭亡。

公司成立后的几年，"老干妈"系列麻辣酱得到了迅速而稳定的成长，产品被销往全国各地，无论是大超市还是小卖部都能看到“老干妈”那熟悉的身影。如今，“老干妈”风味麻辣酱已经远销美国、加拿大等40多个国家和地区。

“老干妈”的平均库存时间是10天以下，每天的出库量大约是几万吨，公司成品库门口每天都有车辆在等候装货。

究其原因，我们可以看到，一丝不苟做产品的态度是当中最重要的因素，“老干妈”的创始人陶华碧不允许产品出现一丝一毫的纰漏，质量过关，才能获得人们的喜欢与支持。

“老干妈”公司有一项奇葩的“铁律”，那就是永远都坚持一手交钱一手交货，绝不赊欠。尽管如此，还是有很多的代理商排着队等待发货。

还有一条就是“老干妈”卖货是以车皮为单位，量小不发货，看似趾高气扬的规矩，但代理商们的热情仍然非常高涨，因为“老干妈”的质量和销路，大家进货的热情自然高涨。

如果“老干妈”产品的质量跟不上，是不可能有人去接受那近似于霸王条款的条件，消费者的喜爱才是最终的目的，而想要赢得消费者的心，就得在产品质量上苦下功夫。

显然，“老干妈”做到了，以质量打动人心，赢得了市场。

纵观陶华碧创业的历程，我们不难发现，她是个“‘三无’人员”：无文化，无背景，无依靠。仅凭一身手艺，逐渐摸清了一个行业，并成为行业翘楚，这其中离不开她个人的努力，更离不开她对自身严格的要求，以及要做行业第一的那份执着。

一直以来，“老干妈”都被外界称包装“土”，可就是因为这个

“土”，陶华碧挖掘出了“土”对消费者的利益点：一分价钱一分货。包装便宜，那就意味着消费者花钱买到的实惠更多，省下来的可都是真材实料的辣酱，老百姓居家过日子，不就是图个实惠吗？辣酱又不拿去送礼，自家吃根本用不着考虑好不好看的问题，味道好就行了。

当“老干妈”逐渐走进千家万户，陶华碧的生意越做越大，但在产品的把控度上，陶华碧的做法不同于许多同行业厂家，那就是她不接受代理商的退货，一旦卖出就是一手交钱一手交货，不论对方卖的如何，自己只会一直生产产品，而不接受退货。

事实上，“老干妈”的退货率相比其他品牌低很多，不接受退货的政策对经销商的影响也不大，“老干妈”的销量一直很好，压货的情况很少。“老干妈”这坚定的自信，全来自于产品质量。

从起家时向玻璃厂几十元的零散采购，到如今超过千万元的日销售额，“老干妈”始终坚持现款现货的原则，就连收购农民的辣椒也不例外。

要想成为“老干妈”的省级代理门槛非常高。“要给总公司一两千万的保证金，证明你有这个实力做代理。”做省代理的林先生说：“仅广东地区，每年的销售额都能达到3亿到5亿。”即使其占全国1/10的销售额，代理商仍然没有争取到账期的“特权”。

据业内专家分析，这是由于“老干妈”不存在同业竞争者，这一点也得到林先生的肯定。他说自己经销“老干妈”十几年，眼看其他品牌起起落落，只有“老干妈”一枝独秀。“即使是现款现货，代理授权也很难拿。”

林先生说，经销商收到的超市退货很少是因为质量有保证，退货的原因“主要是并不影响产品质量的包装漏油”。而“老干妈”的退货率相比其他品牌也不高，“就3%左右”。林先生坦言，公司不接受退货的政策对经销商的影响也不大，因为“老干妈”的销量一直很好，“压货的情况很少”。

“老干妈”这股坚定的自信，从其不打广告亦可见一斑。

“老干妈”在营销推广上几乎没有什么投入。陶华碧曾在接受采访时坦言：“我从来没有打过广告，靠消费者的口碑一个传一个，有华人的地方就有我们的产品。”

而据林先生回忆，他所在的贸易公司成为“老干妈”广东地区的经销商时，也正值“老干妈”的起步时期。在总公司只靠口碑营销的态度下，急于占领市场的地方经销商会自己制作广告想办法投放，“但都是我们自费来做”，林先生这样告诉记者。久而久之，他们也放弃了广告推广，因为这样不仅增加成本，而且更重要的是，“老干妈”只靠口碑就能获得销量的爆炸式增长。“1998年到2004年，感觉就像突然发酵了一样，销量猛增。”林先生如是说。

这样的成绩对于一两年才进行一次产品更新的“老干妈”来说，更显出一股强大的威力。占据“老干妈”辣椒酱销量前三的品种，常年不变。“公司对于推出新品是很谨慎的，其他品牌不断推出新产品抢占市场的方式，对于“老干妈”来说没必要。”林先生称。

贵阳南明“老干妈”风味食品有限责任公司自2007年成立以来，在贵州省、市、区各级党委、政府的支持和帮助下，全体员工秉承“诚信为本，务实进取”的企业精神，通过多年的艰苦创业，不断奋进，取得了相当傲人的成绩。如今的“老干妈”已经发展成为全国知名企业、国家级农业产业化经营重点龙头企业，并且拥有日产130万瓶辣椒制品的生产能力，主要产品有风味豆豉、油辣椒、鲜牛肉末、水豆豉、风味腐乳等20余个系列，目前已经成为国内产量和销量最大的辣椒制品生产企业。

有记者曾经采访过陶华碧，问她有没有想到公司会发展到现在这种规模。她答说，完全没想到，但是经过这么长时间的努力，她已经预料到公司未来只会是朝着一个越来越明朗、越来越好的方向发展。

至于为什么会如此坚信，陶华碧的说法是这样的：“只要人一步一个脚印地走，就算是再看不清的未来也会变得越来越清晰。”

从来不用名片的陶华碧说“老干妈”麻辣酱就是她的名片。这不只是霸气，更多的是她对产品的自信，对自己所经营的企业的一份坚强的信心，因为好产品会自己说话。

·2·

有华人的地方就有“老干妈”

俗话说“金杯银杯不如老百姓的口碑”，没错，金杯银杯可以作假，但口碑却是真真切切的。

“全世界有华人的地方就有‘老干妈’”，这是民间为“老干妈”创造的广告语。

2011年，“老干妈”登上奢侈品折扣网站Gilt，在国外被译作“Lao Gan Ma”，有的翻译为“Good mother”，并被誉为全球顶级的辣椒酱，当时在微博上掀起了一阵讨论热潮，甚至被戏称为“一秒钟变格格”。1996年，陶华碧创办了贵阳南明“老干妈”风味食品有限责任公司，经过近20年的发展，这家企业将一瓶不足10元的辣椒酱打造成中国辣椒酱品牌代言者，着实令人称奇。

在靠宣传打天下的快速消费品行业，“老干妈”几乎是另类，各类媒体上几乎看不到“老干妈”的广告。陶华碧称她在营销推广上几乎没有投入，仅靠消费者口碑传播。此前“老干妈”相关负责人曾表示，“老干妈”在广告上的投入连续几年为零。

不靠广告，只靠口碑就能做到国内外知名，几乎到了“有华人的地方就有‘老干妈’”的地步，不得不说口碑传播是比广告更快速深入的传播途径。

广东一位“老干妈”经销商透露，他所在的贸易公司成为“老干妈”广东地区的经销商时，正值“老干妈”的起步时期，在没有进行广告宣传的情况下，“老干妈”迅速占领广东市场，每年的销售额在3亿至5亿之间。

良好的口碑传播是“老干妈”得以成功的关键，“老干妈”的口碑传播多是由消费者在积极推进。事实上，最早的“老干妈”口碑传播来自于海外留学生，“只有在生病时才能吃一点从国内带去的‘老干妈’”成为一个成功的口碑传播样本。此后，随着网络的兴起，“宅男女神‘老干妈’”又成功助推“老干妈”的口碑传播。

“老干妈”几乎是麻辣酱行业里第一个成规模的企业，多年来一枝独秀，持续的终端传达形成了消费者的固定印象：“老干妈”就是辣椒酱的代表，是消费者的记忆性首选品牌。

“老干妈”系列占领了佐餐消费群体的习惯性消费支出，其主流价位区间基本在5—6元一瓶、7—8元一瓶以及9—10元一瓶，同时利用强大的终端消费者品牌认知，构建起对主流消费群体的有效满足。这样，“老干妈”通过充分利用规模优势以及品牌优势的综合力量把跟随者限定和封杀在上下两级区域，最终使竞争对手无论从力量积累还是从规模发展上都难以真正形成对“老干妈”的挑战。

价格上“老干妈”已经形成了既定的优势，一些企业采用“消费群体定位”的目标市场差异化策略，走学生路线、礼品路线、特产路线等，也取得了一定的发展，但是整体来看“老干妈”仍然遥遥领先。

很多品牌喜欢挖坑，但每个坑都不深，导致的结果是“全而不精”，没有真正走进消费者的心里去，品牌的形象也不够深入人心。而“老干妈”发展至今，扩张的只是生产规模，产品链从不随意扩张，迄今为止也只有20几种产品，且基本都是豆豉、辣酱一类的。“老干妈”要做的是将某一行做深做透。

“老干妈”之所以受欢迎，消费者之所以愿意口耳相传，究其原因无外乎产品专一且价格合理。

“老干妈”产品配方虽然有一定的独特性，但并非其他同类产品无法超越的，其成功之道在于“‘老干妈’一直坚守自己的风味特点，十余年不变，让品牌深深植根于消费者心中”。从某种程度上来说，“老干妈”多年来始终如一的坚守甚至改变了中国消费者对辣椒的接受度和依存度，改变了相当一部分国人的口味。

所以，品牌的强势与否，不在于有多少种类的产品，而在于一个产品能够产生多少有粘性的消费者。

“老干妈”要做行业的标杆，并不一味以做大企业为目标，以身作则，好坏都留给顾客来评说。

再回到口碑营销这个话题上来，所谓口碑营销是指企业努力使消费者通过其亲朋好友之间的交流将自己的品牌传播开来，其特点是成功率高、可信度强。从企业营销的实践层面分析，口碑营销是企业运用各种有效的手段，引发企业的顾客对其产品、服务以及企业整体形象的谈论和交流,并激励顾客向其周围人群进行介绍和推荐的市场营销方式和过程。

口碑营销又分为主动营销和自然营销。主动营销是指企业花费一定的财力和人力去做口头推广，制造噱头和看点，让人们口耳相传。这样的成功率相对自然营销要弱一些。

还记得当年韩寒担任《独唱团》主编时，这本书几乎遭到了哄抢，很多名人都在疯狂地推荐，大网站都呈现出“一书难求”的景象，小网站复制粘贴着这本书的各种评价，博客都在“推”这本书，导致很多消费者冲动地点下鼠标购买。这就是口碑营销的魅力所在。

自然营销就是在做好产品的基础上，只靠人们自己的意愿去宣传，去称赞，无形中就完成了口碑营销。

“老干妈”系列麻辣酱之所以卖的如此火爆，这跟陶华碧“产品为王，口碑至上”的理念是息息相关的。

“老干妈”一共十几种品类，每一品类都是陶华碧亲力亲为的心血。陶华碧说：“我的辣椒调料都是100%的真料，每一个辣椒，每一块肉都是指定供货商提供的，绝对没有一丝杂质。”她从不偷工减料、以次充好，用料、配料、工艺拿捏，添加了许多讲究，保证产品能够俘获顾客的舌尖。

群雄崛起的时代，渠道、终端、品牌，各自被梳理成市场营销的主线。但“老干妈”一直行走在营销的原点，致力于产品的质量。商品是以产品本身为消费者提供服务的，一切营销的手段及方法，都只是提供了一个让商品到达消费者的渠道，而商品本身才是消费者最初的希望。

用口碑传播是最有效、最快捷，也是最经济的营销方式，但不是任何企业都能做得到的，只有将产品的质量提升到一个绝对高度的企业才能得到消费者的信赖和支持。

外界说得最多的，是“老干妈”从不打广告。的确，“老干妈”从不在广告上花一分钱，但从一开始，“老干妈”就形成了一种别样的销售路子。

1994年，那时候的“老干妈”还无人知晓。贵阳修建环城公路，昔日偏僻的龙洞堡成为贵阳南环线的主干道，途经此处的货车司机日渐增多，渐渐的，他们成了陶华碧“实惠饭店”的主要客源。而陶华碧的商业智慧也是从这个时候开始得到了发挥，她向司机免费赠送自家制作的豆豉辣酱、香辣菜等小吃和调味品。司机们因为常常长途跑车，不能按点吃饭，于是，一个馒头夹着麻辣酱就能将就一顿，时间长了，这些司机都对陶华碧怀有感激之情，同时他们也将口碑传播到全国各地，这也是“老干妈”麻辣酱大受欢迎不可或缺的一条宣传途径。

货车司机们的口头传播显然是最佳广告形式。一时之间，龙洞堡“老干妈”辣椒酱的名号在贵阳不胫而走，很多人甚至就为了尝一尝她的辣椒酱，专程从市区开车来公干院大门外的“实惠饭店”购买。

找对了渠道，就相当于一种自我推广。从创业之初以贵阳地区为中心的小范围作市场，到“老干妈”辣酱口味走出贵阳得到普遍认可，“老干妈”开始进军全国市场。

在2007年9月荣获“中国驰名商标”后，“老干妈”品牌逐渐走向成熟。当“老干妈”在大陆市场站住脚后，又逐渐向香港、中国台湾、日本等地拓展市场，到目前为止已经拥有40多个国家的海外市场。

“老干妈”每天都会生产出大约130万瓶辣椒酱，由始终等候在厂区的卡车拉走进入销售渠道，然后迅速被发往中国各地的大小超市，以及遍布五大洲的40多个国家和地区。娃哈哈贵州分公司一位渠道经理说：“有华人的地方，就有‘老干妈’，它最大的意义是提高了华人对辣椒的接受度和依存度，改变了华人的口味。”

铺货是新产品上市“临门一脚”，这方法虽然原始，但却是“老干妈”推广产品的绝招。

时间长，铺货广，从而形成了高度的品牌曝光率，直接促成了即时的现实销售。

为了实现文化输出，我国在世界各地建立孔子学院，教授四书五经，或传播中华武术，这些抽象的概念远比不上饮食文化的输出。这就好比，中国人了解美国，也是从KFC和麦当劳开始的，而并不是通过美国大选。

全世界有华人的地方就有“老干妈”，这是民间为“老干妈”创造的广告语。“老干妈”不仅是我们生活中常见的佐料，对于一些人来说，其甚至是生活的必需品。

学生时代，常常“老干妈”拌饭就是一顿。在南海填岛礁的工人们也会常常“老干妈”拌饭。美济礁建设工人、网友“阿梦里温柔乡”说，他在美济礁上工作了10个月，工作十分艰苦，有的人整天冒着烈日泡在海水里，腿都水肿了。此外，岛礁上的伙食也是一个难题，肉类变质快，建设工人就天天“老干妈”辣酱做伴。

由此可以得出，“老干妈”火遍全球还有一个核心的秘密，就是百搭。口味适中，不是特别辣，南北方不同区域的人都可食用。

“老干妈”如今拥有2000多名员工，日产辣椒制品超过130万瓶，在全国65个城市均建立了完善的销售网络，发展成为全国规模最大的辣椒调味品生产企业。

盛名之下，“老干妈”几乎成为行业里的一枝独秀。据有关资料统计，中国民营企业平均寿命仅为7.2年。快速成长，亦快速衰退。已坐上行业头把交椅的“老干妈”似乎跳出了这样的怪圈，这与“老干妈”多年来的埋头苦干密不可分。一路直行已经成就了其在全国各地范围内高达60%以上的覆盖率。

这一现象说明“老干妈”的战略方针和范畴是相对精准的，首先，拥有独特的标签，那就是麻辣酱，佐餐调料。其次是精准的定位，日常用品，每天都能用得到。

一个企业要发展壮大，少不了品牌的建立。品牌建立的战略范畴，有单一、混合与独立三种模式。

“老干妈”如果效仿宝洁的多品牌战略，对新产品按照各种不同的系列采用新品牌，这样不但可以在无形中增加产品在有限货架空间上的生存机会，也可以给顾客以更多的选择机会，从而提升顾客的满意度和依赖性。但实际上，在麻辣酱产品是否需要多元化的这个问题上，很多企业在实施时都要看是否满足三个基本条件，那就是业务的相关性、企业核心竞争力的共享性和良好的成长性。当前的中国调味品行业已经处于饱和的状态，各种门类和品牌五花八门，令人应接不暇，但行业内知名的却很少，“老干妈”系列在这样的形势下，能够专注于精耕细作，并且瞄准细分市场，实施高度专业化，将自己的品牌继续打造得深入人心，这一点值得很多创业类的公司学习，盲目扩大品牌有时候并不是好事。

目前市场上的“老干妈”系列产品有：风味豆豉油制辣椒、红油腐乳、火锅底料、 香辣菜（袋装）、油辣椒、香辣脆油辣椒、香辣酱、辣三丁油辣椒、干煸肉丝油辣椒、精制牛肉末豆豉油辣椒、肉丝豆豉油辣椒、风味鸡油辣椒、风味糟辣椒、风味水豆豉、香辣菜（瓶装）。

“老干妈”产品的品种并不多，但却将每一样都经营得有模有样。这其中不仅有定位准确，还有竞争的原因。

竞争是每个企业都避免不了的，企业要蒸蒸日上，要发展迅速而平稳，就要学会赢得竞争，在竞争中立于不败之地。

几年前，一位西安的贵阳“老干妈”经销商就曾直言不讳地指出，湖南华越的“老干妈”产品在超市价格要高于贵阳“老干妈”，而且卖得比贵阳的好，原因是人家经常做广告、搞促销活动，是“实实在在地做市场”。而自恃“皇帝的女儿不愁嫁”的贵阳“老干妈”从不做广告，也不搞任何活动，厂家对市场也是不闻不问。

当时两个“老干妈”还在抢注商标，为谁才是真正的“老干妈”而互相掐架。贵阳“老干妈”当然自恃是正宗的，所以对市场并没有太大的关注，而是和往常一样制作发货，流程也没有什么变化，但是当湖南华越“老干妈”抢占了市场，贵阳“老干妈”销量一度下滑时，陶华碧才终于着急了，开始尝试联合高校在食品专业设立“老干妈”奖、助学金，帮助家境贫寒的优秀学子完成学业。这样的举动不仅可以宣传“老干妈”的文化理念，体现企业的社会责任，更为品牌建立了一个有社会责任感的良好形象。

“老干妈”以诚信为本，构建自己独特的标签，精准的市场定位，这些都为“老干妈”赢得了更多的信赖和支持。

企业要让做出的产品受欢迎，就必须学会培养顾客的习惯。培养的过程要从几下几点着手：

第一，心智定位。所谓心智定位，就是要让客户记住你，认准你。当想买你这类东西的时候，心里第一个想到的就是你。

“老干妈”在这方面做得非常好。很多人在吃米饭的时候，如果不方便吃到菜就会选择“老干妈”拌饭，这个吃法在学生中相当流行，既美味又省钱。不止学生，很多人在选择佐餐调料时，都会第一个想到“老干妈”麻辣酱系列。“老干妈”做到了这一点，当然重复购买就不在话下了。

第二，眼球经济。所谓眼球经济就是要吸引客户的注意力，无论是产品的包装还是广告语，或者是产品的使用情况、体验和感受，都要做到极致的优化，目的是让顾客能够快速地记住，并且在使用后对产品留下更深刻的印象。

“老干妈”在产品包装上追求的是至简主义，包装瓶几乎从来就没有什么变化，桶式的广口瓶，红色的标签图，简单而极富个性，让人能够一眼就记住。基于此，“老干妈”的麻辣酱系列才能在众多的产品中做到脱颖而出。

第三，粉丝经济。通俗地说，就是让你的客户知道你，认识你，信任你，尊重你，跟随你。等你的客户真正成为你的粉丝，那何愁卖不出去产品。

大家都知道，粉丝是一个极为特殊的群体，他们会毫无理由地支持自己喜欢的东西，甚至有时候都不知道出于什么目的，只是喜欢。所以“老干妈”打造的是粉丝，抓住粉丝的心理，就赢得了市场。

第四，朋友圈经济。朋友圈经济就是让你的客户变成你的好友，这样你在客户的心里，地位将更加牢固。如果做了朋友，那么信任感和依赖感也会成倍地增加。“老干妈”用做朋友一般的态度，谦逊温和，为自己圈了一大批的朋友。

第五，试销经济。试销这个方法是陶华碧在早期做过的，每天背着麻辣酱到周边的市场和饭店去推销，具体的方法就是先放几瓶麻辣酱在别人的饭店里，如果有人买了就算，没人买了再退回，或者是有些饭店试吃后觉得可行，就买几瓶留下。这样做的结果是，不到一周时间，大家都纷纷要求再送货过来。所以说，试销也是非常重要的途径，让顾客的习惯慢慢改变过来。

以上几点，“老干妈”都有涉及，她用自己的智慧和所谓的“土办法”来征服一群人的味蕾，改变大家对佐餐调料的看法。

作为创业者，对于培养顾客习惯这件事，一定要重视起来，因为顾客的习惯决定了你的产品是否可以获得消费者的青睐和支持。一旦顾客对一个产品的习惯养成，就很难再选择其他的同类品牌或者产品，而只会认准一直以来习惯的，所以创业者应该用卓越而长远的眼光来看待当前的社会经济和产品类型，并设计符合销售模式的产品，让顾客的消费成为习惯，那么这款产品就算成功了。

据2013年的数据显示，“老干妈”系列在武汉市武商量贩连锁超市的零售价：“老干妈”风味豆豉油辣椒280克9元，“老干妈”牛肉末210克8.2元，“老干妈”香辣脆油辣椒210克9元，“老干妈”油辣椒210克9元，“老干妈”风味鸡油辣椒280克13.3元。整体来看，“老干妈”麻辣酱系列的价格在同类产品中处于中游水平，没有太廉价，也没有太高端，刚刚好。

对于一款产品来说，它的定价多少是受多方面影响的，这其中有内部因素，也有外部因素，有主观的因素，也有客观的因素。概括起来，大体上可以有产品成本、市场需求、竞争因素和其他因素四个方面。

第一，产品的成本。

一个产品的价格大致上是由成本、利润和税金三部分来确定的。成本又可分解为固定成本和变动成本。产品的价格有时是由总成本决定的，有时又仅由变动成本决定。成本有时又分为社会平均成本和企业个别成本。就社会同类产品市场价格而言，主要受社会平均成本影响。在竞争很充分的情况下，企业个别成本高于或低于社会平均成本，对产品价格的影响不大。

企业在给产品定价时，不应该将成本孤立对待，而应该将它与产量、销量、资金周转等因素综合起来考虑。成本因素还要与影响价格的其他因素结合起来考虑。

成本因素是影响价格最主要的因素。

第二，市场需求。

产品价格除受成本影响外，还受市场需求的影响。即受商品供给与需求的相互关系的影响。当商品的市场需求大于供给时，价格应高一些；当商品的市场需求小于供给时，价格应低一些。反过来，价格变动影响市场需求总量，从而影响销售量，进而影响企业目标的实现。因此，企业制定价格就必须了解价格变动对市场需求的影响程度。反映这种影响程度的一个指标就是商品的价格需求弹性系数。

“老干妈”的销售基本处在稳步增长的状态下，很少有爆炸式的销售情况出现，在相对安全而稳定的因素下，“老干妈”定价上也基本处在中游，不会出现临时提价和大幅度提价的情况出现。

第三，竞争因素。

竞争因素还存在完全竞争、不完全竞争和完全垄断三种情况。

1. 完全竞争是一种理想化了的极端情况。在完全竞争条件下，买者和卖者都大量存在，产品都是同质的，不存在质量与功能上的差异，企业自由地选择产品生产，买卖双方能充分地获得市场情报。在这种情况下，无论是买方还是卖方都不能对产品价格进行影响，只能在市场既定价格下从事生产和交易。

2. 不完全竞争是现实中存在的典型的市场竞争状况。不完全竞争条件下，最少有两个以上买者或卖者，少数买者或卖者对价格和交易数量起着较大的影响作用，买卖双方获得的市场信息是不充分的，它们的活动受到一定的限制，而且它们提供的同类商品有差异，因此，它们之间存在着一定程度的竞争。在不完全竞争情况下，企业的定价策略有比较大的回旋余地，它既要考虑竞争对手的价格策略，也要考虑本企业定价策略对竞争态势的影响。

3. 完全垄断是指一种商品的供应完全由独家控制，形成独占市场。在完全垄断竞争情况下，交易的数量与价格由垄断者单方面决定。完全垄断在实际的商业活动中并不常见。

大部分企业的定价基本来自不完全竞争下所获得的数据，因为真正的完全竞争条件是不存在的或者难以获得相对准确的数据。

除了以上三种因素影响一个产品的定价之外，还有诸如政府或行业组织的干预因素，一些特殊商品或者指定类别的商品定价必须在一个可控范围内，不得随意自己定价，比如一瓶矿泉水绝对不能定价超过100块。还有消费者心理和习惯，如果说一个产品的定价超过了消费者的承受预期，那就肯定不会受欢迎，用一瓶水来举例，就算是金水银水，只要是喝下去的水，超过了市场常规的价格范围，就会受到冷落。最后的一个因素就是企业或产品的形象因素，如果一个公司的形象是负面的，那么产品定价过高就会引起人们的反感，相反，公司如果正处在发展的黄金期，适当定价高一些，对销量的影响也不大，但对经济收入却是大有裨益。

“老干妈”没有从书本上学到什么文化，却用自己多年来积攒的生活经验带来了一场前所未有的头脑风暴，让一瓶小小的麻辣酱走出了国门，至少走进了华人的心里，成为饭桌上的“常客”。

能做到“有华人的地方就有‘老干妈’”着实不容易，这是属于陶华碧的荣誉，更是“老干妈”公司全体职工努力的结果。

·3·

饥饿营销，我也敢

有这么一则寓言故事，说古代有一位君王，吃尽了人间山珍海味，且从来都不知道什么叫作饿。于是，他越来越没有胃口，每天都很郁闷。

有一天，御厨提议说，有一种天下最为美味的食物，它的名字叫作“饿”，但无法轻易得到，非得付出艰辛的努力不可。君王当即决定与他的御厨微服出宫，寻此美味，君臣二人跋山涉水找了一整天，于月黑风高之夜，饥寒交迫地来到一处荒郊野岭。此刻，御厨不失时机地把事先藏在树洞之中的一个馒头呈上：“功夫不负有心人，终于找到了，这就是叫作‘饿’的那种食物。”

已饿得死去活来的君王大喜过望，二话没说，当即把这个又硬又冷的粗面馒头狼吞虎咽地吃了下去，并且将其封为世界上第一美味。

俗话说“饥不择食”。对于一个饥饿至极的人来说，一个又硬又冷的粗面馒头也会被视为第一美味。这一简单的常识，被西方经济学者归纳为“效用理论”。效用是指消费者从所购得的商品和服务中获得的满足感。效用不同于物品的使用价值。使用价值是物品所固有的属性，由其物理或化学性质决定。而效用则是消费者的满足感，是一个心理概念，具有主观性。

这一常识已被聪明的商家广泛地运用于商品或服务的商业推广，这种做法在营销学界更是被冠以“饥饿营销”之名。

市场运作时，无论是经销商还是消费者，他们越是得不到的东西，越想得到；越是满足不了的需求，越会挖空心思去满足；并且需求在饥饿状态下，会呈现无限扩张的倾向。

因此，“老干妈”也适时地采用了“饥饿营销”的策略模式：一方面，延展、扩大了市场规模，提高了销量；另一方面，通过饥饿感的创造，提升了消费者和渠道商的品牌忠诚度。

“老干妈”的饥饿营销和现今非常盛行的电子互联网行业的饥饿营销还稍有区别，因为“老干妈”的营销始终是以客户需求为第一要务，在保证产品质量的前提下，才会考虑给市场施压，偶尔做一做“饥饿营销”，让自己的“老干妈”麻辣酱更受消费者的欢迎。

“老干妈”的饥饿营销和当今做饥饿营销最著名的互联网企业小米不同，她的饥饿营销理念是让市场短期内供货紧俏，而不是用真正的断货、抢购等方式来促成“一瓶难求”的假象，是适可而止的，也是相对合理的。

饥饿营销不是每个企业都适合做，应该结合产能以及市场供求情况做出决定。

·4·

我卖的是味道，不是包装

很多产品不在质量上下功夫，却将心思都放在外包装上，以达到高端大气上档次的目的，但“老干妈”却反其道而行之，其麻辣酱瓶和包装十年如一日，即使麻辣酱的味道改变了，不变的还是那个包装。

现在的“老干妈”俨然已经成为麻辣酱市场的标杆产品。能做到这个地步，其自然有它不被取代的优势。

第一，“老干妈”是香辣酱品类的代表，并逐渐成为具有行业代表性的强大品牌。

在佐餐酱领域，像“老干妈”那样拥有强大的消费者认知的企业寥寥无几，“老干妈”利用消费者认知所形成的强大品牌势能，构建起对渠道的强大话语权，同时利用这些品牌势能和有效的营销策略，“老干妈”在和调味品渠道的博弈中始终处于优势地位。

第二，每年20%以上的增长比率和60亿以上人民币的销售规模，成为原料谈判的绝对优势。现实的规模和未来的预期，都支持“老干妈”在和上游原料商的谈判中处于相对的优势地位，因此“老干妈”在原料供应、品质、价格等方面都具有一定的优势基础。

第三，“浓香、微辣、适口咸”的味道“铁三角”。

香、辣、咸是中国消费者的普适性口味，“老干妈”不仅同时拥有这三个口味，还对这三个口味进行了结构性的调整，突出香味，以微辣和适口咸为辅助，构建起“老干妈”的口味地位，并成为行业的标准性口味。

第四，产品线较齐全，占据主流价格带，形成下行无利润，上行无市场的绝对局面。

“老干妈”的价格适中，在保证利润的前提下，压低价格，让更多人能够接受它，这是“老干妈”在价格上的优势，在浮动范围内，做到让行业内其他产品无法比拟。

一个没有社会责任感的企业是缺乏良知的企业，一个没有责任感的品牌是不可能有美誉度的品牌。“老干妈”用自身的竞争优势和诚信为本的营销理念成了行业里的领头人不无道理。

在百姓经济中，辣椒酱产业固然只是一个附属于农副产品加工产业的小行业，却对满足群众的日常生活需求起到了相当重要的作用。整体而言，我国辣椒酱行业供大于求、产能多余的现象仍旧持续，市场辣椒酱价格走势低迷。纵观整个产业链，辣椒酱行业的地区分布差别明显。不同范围内的企业在市场中的竞争也日趋剧烈。企业必须找准适合自身的市场定位，拟定有差别的竞争策略，力求在竞争中突出特色，并发展壮大。

“老干妈”作为国内辣酱品牌的龙头老大，在北方市场却表示平平，这是为何呢？

首先，“老干妈”和本地麻辣酱相比，有外来之嫌，本地人一时适应不过来，或者觉得根本不对味。

“老干妈”公司曾经派人去河南一商场调研，最后的结果是，大部分人会买本地货，因为本地货口味更适合本地人，“老干妈”虽然名气大，但销量上却输给了本地货。

第二，“老干妈”包装太“土”。

商场里的买家经调查后，大致的问答都是：“‘老干妈’包装不上档次，看上去太土了。”

“换包装？”“老干妈”说：“不换，换了得涨价！”

“老干妈”就是“老干妈”，她立即否认了换包装提案，说：“我卖的是味道，不是包装。我的辣椒的调料都是100%的实料，每个辣椒、每块牛肉都是指定供货商供给的，绝对没有一丝杂质，每卖一瓶辣酱，我只赚几毛钱。我不能昧着良知将价钱往上涨，而消费者多付了钱只是多了个好看而无用的包装。”

从小苦到大的“老干妈”心疼消费者的每分钱，因为她永远也忘不了年轻时因买不起一个一毛钱的包子，孩子们饿得嗷嗷大哭的情形。在身价超过13亿的今天，“老干妈”依然舍不得多花一分钱，她就认一个死理：消费者喜好的是她的辣酱味道，不是包装，因为包装好就意味着要多花钱。

碰上一个如此不懂品牌包装的“老干妈”，职员们也没辙。

又有人建议“老干妈”换新的销售员，换更会促销更会说话更懂得客户心理的促销员。

“不可，上了促销员就得增加本钱，我们不涨价就得赔本，涨价了消费者并没有获得更好的味道。我的辣酱味道好，酒香不怕巷子深，消费者必然会承认我的。”“老干妈”又果断地反对了这个方案。

“老干妈”始终坚持“酒香不怕巷子深”的运营之道。可不派人到巷子外来“接”客，酒再香顾客也闻不到啊，但碰上一个认死理的“老干妈”，大家都没办法。

“我卖的是味道，不是包装，我的包装只花3毛钱。”这是陶华碧一直坚持的信仰，就是“土”，她要将“土”卖出新的高度。

包装“土”，那就发掘出“土”对于消费者的好处。首先，包装廉价，就意味着消费者花钱购到的实惠更多，一分价钱一分货，这个货是真材实料的“辣酱”啊，百姓居家过日子，不就是图个实惠吗，味道好就好了。

在经过各方的考虑和协调之后，陶华碧坚持不换包装，不提价格，只在口味上做提升，最终实现了和本地货平分秋色，各占一方天地。

所以，创业者如果想做大做强，只在产品的外包装上做文章以求得卖出高价是不现实的，也是对顾客不负责任的表现；相反，在产品质量上狠下功夫，那么成功就会如期而至，就像“老干妈”，人们对它的热情只增不减，就是因为人们买的是它的味道，而不是包装。

·5·

宁可人人负我，我不负他人

对于营销者来说，最怕的就是损失，特别是经济损失。但在陶华碧的观念里，她只怕自己的信誉受到损失，却不怕经济受损。

陶华碧刚刚建立麻辣酱工厂的时候，销售方式非常单一，就是将制作好的麻辣酱通过周边凉粉店的订购出货，之后产能渐渐过剩，她便背着产品四处兜售，用的是传统的推销方式——试销，类似于走街串巷的销售方式。非常传统，但效果显著，不久之后就有订单纷至沓来。

公司渐渐发展，陶华碧也深切意识到对外销售是最大问题。可是，她既不懂营销策略，也不懂广告策划，甚至连名片都不使用，又怎么开拓市场，争取新客户呢？

农民出身的陶华碧对销售的理解也比较“土”，既然自己对企业的管理方法经过验证非常适合自己，并且已经取得了成效，那么对外销售、与人打交道也应该一样，遵循一个“真”字，不坑人，不骗人，不讲大话，不浮夸，真真切切地合作，只有这样，才能让生意做得更稳定，更长远。

于是，陶华碧专门召开经营管理大会，她对员工们说："都说无奸不商，我就偏偏不信，我偏偏要'宁可人人负我，我决不负客户'，请大家一定牢记这一点。在市场竞争中以诚信经营立足，才能取胜！"

这一席话给了员工们很大的信心，大家都被陶华碧的信念折服，为她这样的"大义"而感动，也都纷纷表示对陶华碧的做法非常赞同并且给予支持。

2001年，在"老干妈"公司发生了一件反响非常大，影响也十分深远的事。那时候有一家玻璃制品厂给"老干妈"公司提供了800件（每件32瓶）的酱瓶，总计25600个瓶子。当时并没有发现什么问题，但公司装上麻辣酱刚把货分销到市场上，就有客户反映："有的瓶子封口不严，有往外漏油的现象。"非常不凑巧的是，一些对手企业不知怎么很快就知道了，便马上利用这事攻击"老干妈"。

在生意场上，只要对手露出了"短板"，另一方就会很快钻空子，麻辣酱市场也不例外。更何况，当时的市场上，"老干妈"几乎是一家独大，很多人看得眼红，早就想给"老干妈"找事了，这次机会不找自来，他们自然不会放过。

陶华碧知道此事后非常重视，严令各部门迅速查处。一些管理人员向她建议说："可能只是个别瓶子封口不严，把这批货追回重新封口就行了。"

陶华碧却坚决地说："不行！这事关公司的信誉！马上派人到各地追

回这批货，全部当众销毁，一瓶也不能漏掉！损失再大，也没有在市场上失信的损失大！”

大家听到这话都相当震惊，毕竟是25600瓶麻辣酱啊，是多少人耗费心血做出来的，瞬间就要销毁，实在是可惜至极。但陶华碧却态度坚决，坚持要当众销毁，不给竞争对手任何把柄，也不给消费者留下任何的麻烦和负面印象。

“做生意首先要学会做人。偷工减料、以次充好、坑人骗人的事做不长，咱们千万不能干那种事啊。”陶华碧说。

如果陶华碧选择了视而不见，任其发展，那么800件货或许都能销出去，但恐怕从此之后再无“老干妈”安身立命的地方了，因为失去了诚信，一个企业就失去了发展的根基，失去了消费者的信任，也就不能更好地发展了。

最终，800件次品以全部追回、全部销毁而告终。虽然这样的做法让公司蒙受了巨大的经济损失，却让人们看到了“老干妈”信守质量的决心。

在现代经济社会中，诚信不仅仅是一种道德规范，也是能够为企业带来经济效益的重要资源，在一定程度上甚至比物质资源和人力资源更为重要。

管理学大师彼得·德鲁克曾说：“大量而广泛的实践证明，在企业的不同发展阶段，企业文化再造是推动企业前进的原动力，但是企业诚信作为企业核心价值观是万古长存的，它是企业文化与企业核心竞争力的基石。”企业诚信，孕育于企业文化，扎根于企业文化，渗透于企业文化，是企业文化不可或缺的重要组成部分。

塑造和坚持企业诚信作为企业文化的核心价值观，对形成支撑企业健康发展的独特文化特征，推动企业从优秀迈向卓越具有巨大的促进作用。

如果“老干妈”没有坚持以诚信为本，没有“宁可天下人负我，我不负他人”的觉悟，那么“老干妈”麻辣酱或许走不到今天的地步，也难以实现如此强势的品牌效应。所以，任何时候，企业主都应该有相当高的觉悟，狠抓质量以保障客户利益为宗旨才能始终立于不败之地。

第四章

我不欠钱，别人也不能欠我钱

“老干妈”有底气说不赊不欠，那是将产品做到极致之后一种发自内心的自信，也只有产品不愁销路的情况下，才有足够的底气这样说。

·1·

奖励的是诚信缴税

有的企业想尽办法避税，但陶华碧从来都不在这上面动心思，她十年如一日地按时交税，从不漏交。

近几年来，由于企业质量管理体系的建立和质量管理工作的有效实施，“老干妈”系列麻辣酱产品的各项指标都达到了国家卫生质量标准，产品出厂合格率始终都位于同行业榜首，先后被授予“全国食品行业质量效益型先进企业”、“检验合格企业”、“全国乡镇企业质量管理先进单位”、“国家级农业产业化经营重点龙头企业”称号，并顺利通过了ISO9001：2000质量体系、ISO14001：1996环境管理体系、HACCP认证。产品“油辣椒”通过了“绿色食品”认证，“油制辣椒”系列食品获得“中国名牌”称号，并作为标准主要起草单位发布了国内首个“油制辣椒”国家标准。在10年的经营历程中，“老干妈”公司以自身的努力经营业绩和对国家、社会的贡献赢得了诸多荣誉，但“老干妈”并没有骄傲，更没有忘记回报帮助过她的人们。

据贵州省有关统计数据显示，截至2012年底“老干妈”公司在贵州省先后建立起46万亩原材料基地，累计使用干辣椒18万吨、菜油43万吨、黄豆16万吨，仅以此三项原材料用料统计，按贵州省人均耕地面积1.1亩计算，“老干妈”公司就解决了几百万名农户的农产品销路问题。

谈及政府扶持和企业社会责任，陶华碧朴实地说：“企业是一棵树，你（政府）三天两头浇点水施点肥，它一长大后就会回报你，就是这样子的。”

“老干妈”公司的业绩只用纯粹的数字来说明的确是叫人大吃一惊，发展快速而平稳，这都得益于创始人陶华碧的坚持和努力，用真诚对待员工，用诚信对待消费者，才换来了这令人吃惊的发展结果。

中国是全球辣椒酱头号消费国和生产国，消费人群超过5亿，消费额以每年16%的高速递增。全国辣椒酱生产厂家多达数千家，但就目前市场上的麻辣酱数量、流通性和受欢迎程度来看，“老干妈”系列仍然稳居榜首。

“老干妈”对于国人来说是一个传奇。陶华碧是一个没有上过学的人，是只会写自己名字的普通农家妇女，但是从1989年白手起家到现在，“老干妈”成为全国的知名品牌，并且创下3年缴税18亿元，产值68亿元的成绩，直接间接带动800万农民致富。

2013年，“老干妈”全球销售额已经超过37亿元人民币。北美、欧洲、东南亚、日本、韩国……全球多个国家和地区的超市里，都能见到一个红色的玻璃瓶上椭圆形照片中那个身穿白围裙的“老干妈”。

“老干妈”专心埋头做产品，不仅受到消费者的青睐和喜爱，更因为她诚信经营，从没有拖欠货款和避税漏税偷税的现象发生，受到了政府的大力奖励，令人艳羡。

现在陶华碧已经将公司交由两个儿子打理，但她还是闲不住，每天7点起床，下车间，听报纸，每晚的新闻联播必看，也看一些商业类节目。她偶尔也看看电视剧，喜欢中国和日本打仗的电视剧，也就是抗日剧，也喜欢听过去的“红歌”，如《南泥湾》《我们走在大路上》《送红军》《十五的月亮》等，兴致来了还偶尔唱上几句。

陶华碧这样云淡风轻的生活态度是让企业走向更加明朗未来的一个有力证据，正是这样的领导风范，让企业走上更加正规的道路。陶华碧对待供货商是货款两清的态度，对待国家税务问题也同样毫不含糊。这样的“老干妈”怎能不让人敬佩，政府奖励的也是“老干妈”应得的。我们应该学习“老干妈”的态度，并向她致敬。

·2·
平生只贷一次款

说起贷款，很多公司都会选择贷款来采购货物或者做企业日常资金运转，甚至有些资质不足的企业不惜找中介来作假也要贷到款。可见在企业运作过程中，到位的资金是多么重要。有一些非常不错的项目，往往由于没有资金支持而放弃，着实可惜，于是贷款成了他们唯一的选择。

2001年，为了进一步扩大规模，陶华碧准备再建一处厂房。当时，公司大部分资金都压在原材料上，手里的流动资金又不足以支撑当时厂里的发展，于是有人建议她向政府寻求帮助。由于“老干妈”公司多年来的良好表现，在税务上相当积极，所以南明区委非常重视“老干妈”的贷款请求，立即协调建设银行给“老干妈”贷款。协调好以后，区委办给她打来了电话，让她到区委来洽谈此事。

陶华碧带着公司的会计来到区委，区长所在的办公室在三楼，一行人乘着破旧的电梯到达三楼，出电梯时，一不小心陶华碧的衣服被坏了的电梯门挂住了并跌倒在地。

随行人员都吓得不轻，赶忙扶起陶华碧，大家都以为她要发火，所以都尽可能地扯开话题时，谁知她却说：“你们看，政府也很困难，电梯都这么烂，我们不借了。”

大家都以为她是在说玩笑话，她叹了一口气，摇摇头说：“我们向政府借钱，给国家添麻烦。真不借了，我们回去。”陶华碧不知道政府协调银行贷款是什么意思，以为就是向政府借钱。

说完她真的就转身回去了，大家都面面相觑难以置信。

创业期间，陶华碧从来没有和银行打过交道，她始终坚持的是一手交钱一手交货，所以并不需要贷款，除了交税，基本不和涉及金钱的部门有瓜葛，唯一的一次贷款是在“老干妈”公司发展壮大之后，银行不断托人找上门来请她贷款，陶华碧盛情难却才勉强贷的。贵阳市商业银行的一位工作人员说，陶华碧对他们说得最多的一句话是：“你们就是想找我点利息钱嘛。”

可见陶华碧虽然不懂文化，但却非常了解行业，有多少钱就做多少事，这是陶华碧的生意准则，值得很多创业者学习。

有些人刚刚创业时，信心满满，奈何资金不够，于是贷款来做，如果成功了那自然是最好的结局，如果做得不好，或者失败了，那便是相当糟糕的经历。

创业就要做好失败的准备，尤其是在资金的预算上，要有明确的计划和资金用度规划，切不可盲目地贷款来缓解公司的资金危机，因为如果没有做好预算，一旦失败，将会产生难以挽回的损失。

· 3 ·

现金流是企业的命脉，“老干妈”没有应收账款

陶华碧说：“我从不欠别人一分钱，别人也不能欠我一分钱。”这是她的原则，也是她的铁律。

从第一次买玻璃瓶的几十元钱，到现在日销售额过千万，她始终坚持这个原则。“老干妈”没有库存，也没有应收账款和应付账款，只有高达十多亿元的现金流。

她不识字，唯一会写的三个字是她的名字陶华碧。她没有任何财务知识，但她也喜欢钻研，记忆力非常惊人，并且非常执着于自己想做的事，对现金近乎偏执地重视，绝不涉足自己不熟悉的行业，每一次迈出扩张的脚步都慎之又慎。2012年，她以36亿身家登上胡润中国富豪榜。她，就是“老干妈”陶华碧。2012年，“老干妈”产值达到33.7亿，纳税4.3亿，人均产值168.5万元。

这些都是外界对“老干妈”的印象，“老干妈”是神秘而令人肃然起

敬的励志女性，但“老干妈”的成功不是偶然的，也不是随意得来的，她依靠自己的努力让麻辣酱走到了今天。

“从来不拖欠国家一分一厘，这才是做企业，也是我们的能力，你拖欠或者偷漏人家是很不好的。我们没有国债，不欠国家税收，也没有贷款，贴息贷款我都不要，干干净净，一身清白，该赚的钱我就赚，不干净的钱我不要。”

“我也不欠员工一分钱，拖欠一分钱我都睡不着觉。和代理商、供货商之间也互不欠账，收购农民辣椒，或者把辣椒酱卖给经销商，永远是现款现货，我不欠你的，你也别欠我的，我用我的质量保证我的市场。有很多供应商都是从建厂维持到现在。对顾客，从原材料到每一道工艺，我们都认认真真去做，保证质量。”

陶华碧对待金钱的态度简单明了，就是不做赊欠。

“我教育儿子，就好生生做人，好生生经商。千万千万不要入股、控股、上市、贷款，这四样要保证，保证子子孙孙做下去。”

“政府很早以前提出要扶持，我也不要，我有多大本事就做多大的事，踏踏实实做，不欠别人一分钱，这样才能持久。不贷款，自己去做，你晓得压力压在自己肩膀上，晓得去努力去奋斗。人有压力，就有动力。”

“早期我挑着担子卖米豆腐，很多人耻笑我。我不怕，靠我自身的努力，我觉得光荣和自豪。无论种地还是做其他，不怕苦、不怕累，才打出金山、银山。现在我还要尽我最大的努力来奋斗，把企业做强、做大。就是我不睡觉，我都要把它做下去，做好，做得红红火火的。一旦放弃了再去做，绝不会成功。”

“我们不想当官，就要做实业，要上对得起祖宗，下对得起百姓，还要对得起党和政府。我实实在在、诚诚恳恳地做，讲质量，还要讲产量。过去十多年，‘老干妈’基本上没有发生质量安全事件。”

“我这个人脾气不好，但我的心诚，不说假话，说真话，说实话，赚清清白白的钱。对人要诚，对人要忠，不管对谁，我觉得诚诚恳恳好一点。先做人，后做本，你人都不会做，怎么经商呢？诚信做人、诚信经商、诚信纳税，你就不怕，我们要子子孙孙这样做下去。”

“我最大的心愿就是：我这个企业像蛋糕一样做大、做强、做好。创民族品牌，立千秋大业，我要做千年光彩。做事要看长远，我们要做到祖祖辈辈，目光短浅是走不了多远的。金杯银杯抵不过消费者的口碑，我从来没有打过广告，靠消费者的口碑一个传一个，有华人的地方就有我们的产品。人算不如天算，做事、做人，都要凭自己的良心，我对得起自己的良心。”

“老干妈”没有董事会、董事长和总经理，只有5个部门。“我下面就是谢邦银和王武，一个管业务，一个管行政。管业务就是要把所有精力扑到一线拼命。现在，大儿子李贵山负责市场，小儿子李辉负责生产，我只负责签字、盖章、把握大方向。”

“我让公司管理人员轮流去考察学习，给我带点文化回来。对管理团队有一个要求是不能接受外界采访，要低调、勤勉。”

“在经销商管理上，我们比较严格。要想成为‘老干妈’的经销商，得交数千万元的押金，证明你的实力，其次现金流要好，因为‘老干妈’从创业之初到现在，一直进行现款现货交易，基本上不赊账，而且‘老干妈’从不退货，你货多了卖不出去，是无法退给‘老干妈’厂家的，都得自己消化，除非产品有质量问题。不过，所幸的是‘老干妈’的货物不愁卖。”

“老干妈”没有文化，却对商业拥有很敏锐的嗅觉，她知道什么样的管理更适合自己，知道自己的企业有什么特点。作为传统的企业和产品，“老干妈”采用不赊不欠的方法，企业没有死账和烂账，资金周转也非常容易。

“老干妈”比任何人都明白现金流对于企业的重要性，而普通的企业更要保证一定量的现金流。因为流动现金对企业的发展和管理决策都有着至关重要的作用。

第一，现金流量对企业筹资决策有相当重要的影响。企业筹集资金额根据实际生产经营需要，要通过现金流量表来确定企业筹资总额。一般来说，企业财务状况越好，现金净流量越多，所需资金越少，反之，财务状况越差，现金净流量越少，所需资金越多。

从“老干妈”账上没有应收账款来看，现金流的充裕让“老干妈”能够更自由的支配，并且保持财务状况非常良好。

第二，现金流量对企业投资决策有重大影响。现金流量是企业评价项目可行性的主要指标，投资项目可行性评价方法有动态法和静态法两种，均与现金流量密切相关。动态法以资金成本为折现率，进行现金流量折现，若现金净流量大于0或现值指数大于1，则说明该投资项目可以接受，反之该投资项目不可行。静态法投资项目的回收期即原始投资额除以每年现金净流量，若小于预计的回收期，则投资方案可行。否则，投资方案不可行。

第三，现金流量对企业资信有影响。企业现金流量正常、充足、稳定，能支付所有债务，公司资金运作有序，不确定性越少，企业风险小，企业资信越高；反之，企业资信差，风险大，银行信誉差，很难争取到银行支持。因此，现金流量决定企业资信。

大部分公司都需要贷款来解决一些运作中出现的资金问题，但如果现金流量少，就会出现资信问题，进而影响到银行的贷款，最后的结果可能是影响到企业的项目运作。

第四，现金流量对企业盈利水平有影响。现金是一项极为特殊的资产，具体表现为：流动性最强，可以衡量企业短期偿债能力和应变能力；现金本身获利能力低下，只能产生少量利息收入，相反由于过高的现金存量会造成企业损失机会成本的可能。因此合理的现金流量是既能满足需求，又不过多积囤资金，这需要理财人员具有权衡资金的流动性和收益性，寻求不同时期的最佳资金平衡点，有效组织现金流量及流速以满足偶然发生资金需要及投资机会的能力。

第五，现金流量对企业价值的影响。在有效资本市场中，企业价值的大小在很大程度上取决于投资者对企业资产如股票等的估价，在估价方法中，现金流量是决定性因素。也就是说，估价高低取决于企业在未来年度的现金流量及其投资者的预期投资回报率。现金流入越充足，企业投资风险越小，投资者要求的回报率越低，企业的价值越大。企业价值最大化正是理财人员追求的目标，企业理财行为都是为实现这一目标而进行的。

第六，现金流量对企业破产界定的影响。我国现行破产法明确规定企业因经营管理不善造成严重亏损，不能清偿到期债务的，可依法宣告破产，即达到破产界限，这与以往的“资不抵债”是两个不同概念。通过现金流量分析，若企业不能以财产、信用或能力等任何方式清偿到期债务，或在可预见的相当长期间内持续不能偿还，而不是因资金周转困难等暂时延期支付，即使该公司尚有盈利，也预示企业已濒临破产的边缘，难以摆脱破产的命运。因此理财人员对现金流量要有足够的重视，未雨绸缪，透过现象看本质，将信息及时反馈到公司管理层，当好公司的理财参谋。

加强现金流量管理是企业生存的基本要求。每个企业都有各自的不同发展阶段，其现金流量的特征也都有所不同。因此根据其在不同阶段经营情况的特点，采取相对应的有效现金流量管理措施，才能够保证企业的生存和正常的运营，否则就会对企业的生存带来致命的影响。如1975年，美国最大的商业企业之一W.T.Grant宣告破产，而在其破产前一年，其营业净利润近1000万美元，经营活动提供营运资金2000多万元，银行贷款达6亿美元，1973年公司股票价格仍按其收益20倍的价格出售。该企业破产的原因就在于公司早在破产前五年的现金流量净额已经出现了负数，虽然有高额的利润，公司的现金不能支付巨额的生产性支出与债务费用，最后导致“成长性破产”。

所有的企业主都应该时刻谨记现金流的重要性，多在现金流方面做文章，尽可能地让账面上少出现应收账款和应付账款。

“老干妈”正是由于非常重视现金流，所以才能一直稳健迅速地发展壮大，成功防范了破产的风险。

“老干妈”不贷款、不融资的底气，很大程度上就来源于公司数十亿元的现金流。因此，“老干妈”的公司账目也格外简单。

“有多大本事做多大的事”是陶华碧接受公开采访时多次提及的原则。“老干妈”至今不曾涉足其他行业。在陶看来，“我做本行，不跨行，就实实在在把它做好做大、做专做精。钱来得再快，也不能贪多”。看来，“老干妈”只依靠口碑和强大的现金流就能够将企业经营得顺风顺水。

每天卖出超过130万瓶辣椒酱，一年销售额高达35亿人民币。

“老干妈”麻辣酱的成功绝对可以称为另类，无广告、无欠账、无融资。而且在当前市场竞争如此激烈的情况下，仍能独占鳌头也算是一个不小的奇迹。

15年来她从没改变过规则：一手交钱，一手交货。在这一点上陶华碧绝对不会让步：“我从不欠别人一分钱，别人也不能欠我一分钱。”即使在“老干妈”刚刚起步资金困难时陶华碧也是如此。

贵阳第二玻璃厂厂长毛礼伟回忆说：“当时她给我打了个电话，说要一万个瓶子，现款现货，我真有些不敢相信。”就是这样，十几年来“老干妈”企业没有应收账款和应付账款。

“和她谈融资的事情比引进外资还要难，她心里拿不准的事谁也说不动。”贵阳市政府的官员曾如此提起“老干妈”。

“一手交钱，一手交货”，看似简单的一句话，可真正创业时有几个人能够做到？赊账，是很多创业者碰到的难题，不卖，好不容易上门的生意；卖，资金周转压力大，左右为难中，很多人还是选择卖了，于是我们看到，赊账成了一个公司的蛀虫，太多的公司因它而垮台。

陶华碧虽然目不识丁，却坚持了不赊账的原则，只是这一点，大多数创业者、企业家们都难以做到。

一些企业由于产品缺乏市场竞争力或为了与竞争对手抢夺市场而采用赊账销售方式。表面上来看并无不妥，事实上赊账销售的弊端不少。主要有以下几点。

第一，产品赊销出去，到了代理商那里，资金没有回流，企业应收款增加。从本质上来说，代理商货款没有回笼，企业的销售行为“产品转化成商品”的目的根本没有实现。产品在代理商那里，由代理商管理，企业自身失去了对产品的管理权与支配权。

第二，若代理商违约，很容易造成企业资金流断裂，影响企业正常生产。更可怕的是，代理商利用企业的应收款作为周转资金发展自我。这是企业呆账、死账形成的最根本原因。

第三，资金没有及时回笼，增加企业财务工作与业务工作量。财务与业务为了核实市场库存量与在途资金，要几倍于常规的工作费用。另外，如果企业管理存在漏洞，很容易造成业务人员私自在市场结算货款的不良行为。

第四，采用赊销行为很容易在市场造成代理商之间的串货行为。代理商为了自己的个人利益，常常会想方设法将企业赊销给他的产品，早日变换成资本金，由于赊销产品在代理商手中，代理商掌握主动权，代理商完全可以利用自己的人脉关系将赊销产品串区销售，这样就破坏了市场组织纪律。

第五，由于赊销产品在代理商手中，生产商失去了管理权与支配权，生产商企图控制市场销售价格就常常都是没有力度的。代理商可以根据自己的经营情况来决定价格的高低。这样，生产商想利用价格策略来占领市场就行不通了。

有一位刚开始创业，卖工艺品的小伙曾无奈地说道，现在自己面临的就是赊账严重，手头有五六笔款都没有到位，工艺品中有一部分周转资金很大，押款严重成为创业初期最大的坎。仔细想想，不赊账很难做到，大订单太诱人了，谁忍心拒之门外?

目前赊账严重的很多是刚刚起步的创业者，对此他们表示很无奈，为了扩大影响力，为了快速发展，赊账成了一道“紧箍咒”。其实，快速发展不如换一个词：稳步发展。适当地给自己松松绑，也许创业路会走的轻松点。

相当多一部分企业，尤其是中小企业，由于规模小，业务性质特点各有不同，建立一套适合自己企业的财务管理制度是必不可少的。首先应强化企业所有者的管理思想，认识到财务管理的重要性，再者企业可以根据企业实际情况，结合自身的组织结构，形成各部门各岗位之间分工、协调、制约和监督机制。这样环环相扣必然会有效地减少漏洞和违法违纪现象，防止贪污盗窃及各种舞弊行为的发生，从而会使企业走上规范运作、持续高效的健康发展之路。

“老干妈”公司的管理很简单，来往账务清晰，借贷关系一目了然，这些都是陶华碧常年坚持一手交钱一手交货的结果，为企业管理省去了相当多的麻烦。

很多企业都希望能有“老干妈”那样简洁的账务制度，但每个企业的实际情况不尽相同，并不一定要追求做简洁的账务，只要账目清晰，没有烂账和死账，就算是一个合格的账务体系。

企业在管理过程中需要建立相当健全有效的内部管理制度，形成内控体系，这样才能将企业账务管理得井井有条。

首先，建立内控机制，对业务环节分工时，不能由一个部门或一个人完成业务的全过程，而必须由各部门及人员共同参与，并且与之衔接的部门能自动地对前面已完成工作进行正确性检查。该内控机制由适当授权、责任分工、逐步控制、独立检查等环节组成。

其次，完善实物资产控制制度，建立资产月度全面盘点，日常随机抽盘制度，做到账物相符；严格控制实物资产接触人员，以减少资产的损失；还可以安排专职人员或设专门的部门来实施内部控制、监督和评价，提出建议，督促各个内控环节不断改进控制，增强规范内控制度与有效执行制度的自觉性，使企业各环节各部门人员融入管理体系中去。

作为一个初创企业或者正在稳步发展中的企业，切实完善财务管理内控制度是非常有必要的，“老干妈”公司的体系稳定而坚实，虽然陶华碧一直有自己坚持的理念，但正常的财务体系还是必须存在的，并且要符合相应的设计原则。

常规的原则有以下两点。

第一，政策刚性原则。中小企业内控制度的设计必须首先符合并严格执行国家有关法律、法规和国家统一的会计制度，然后结合企业自身特点和财务管理的要求进行设计。

第二，账、钱、物分管原则。从目前中小企业财务管理的主要问题来看，严格贯彻账、钱、物分管原则是内控制度设计的重中之重。任何一项经济业务都要按照既定的程序和手续办理，多人经手，共同负责，努力克服货币资金、财产物资及有关账簿的管理混乱现象，防止企业资产的流失。

第三，努力做到责权利结合，实行责任追究制度。企业各级管理部门和人员必须明确各自的职能和责任，建立责任追究制度。可以把财务指标落实到单位和个人（采取直线制组织结构的指标可直接落实到个人），并赋予财务管理责任人相应的管理权限，根据履行职责的情况在年末进行考评，依据考评结果，分别给予物质、精神奖励或处罚。对于履行职责差的人员，一定要有追究责任的过程。

第四，加强内部审计控制，内部审计机构应直接对企业最高领导层负责，并保持相对独立性与权威性。企业通过内部审计制度对各级管理层的财务活动和管理活动进行检查、监督和评价，包括企业经营方针的贯彻执行情况、经营目标的完成情况、财务会计信息的真实性和可靠性、各级管理人员的绩效、内控环节的协调情况等。内部审计机构的组成人员应该由企业最高层直接聘任，让业务能力强、思想素质高、敢说真话、敢于坚持原则的员工从事内部审计工作。

认清自己的财务状况，量入为出，这是理财的基本原则之一。“老干妈”所有的投资和生产都是在自己的可控范围内，只是简单地做好调料，不去涉足自己不懂的副业，这也就是她在这个领域称王称霸的原因。

“老干妈”在美国的定价一般是2.3—3美元，最多也就是3.8美元，有的人直接计算汇率，认为一瓶“老干妈”的价格在美国15—20元人民币，是在赚美国人的钱，这种说法是有失公允的，因为其他调料在美国的价位也在2—3美元，“老干妈”并没有特别贵或是特别便宜，只是适应了当地的物价而已。尽管有媒体报道称老人家说过“要赚就赚外国人的钱”，但是从“老干妈”多年来的销售经历来看，“老干妈”的定价不管在哪里都算得上是公道的。“公道”应算是陶华碧的经营准则，从“老干妈”早期的经历看，只要有客人预订了她的辣酱，多久她都会记得，她把这种“公道”一直坚持了下来。

当然，这也是“老干妈”在账务上的原则，定价符合物价标准，不轻易涨价。一个账务清晰的“老干妈”。

企业家应该心里有谱，尽可能地科学分配资金，减少账面款项，充分调动体制内的现金流，使企业能够运作顺畅，减少账务损失。

第五章
管理方法虽然“老土”但管用

要想使企业经营顺利进行，就必须对人、财、物等要素进行适当的组合和配置，而“老干妈”就有一套根据实际情况适合自己的管理制度。

·1·

奖你一辆车，说到做到

那是2001年年初时，有个广州的销售商向陶华碧汇报时，说他的年销售目标是卖出“老干妈”麻辣酱3000万元。

那时候的3000万元可不是个小数字，而几乎是天文数字，陶华碧听到后，直摇头说：“这目标定得太高了，很难实现。”因为她觉得这个销售业绩太玄乎，恐怕达不到，但为了不给销售商浇冷水，陶华碧用鼓励的语气说：“你如果真实现这个目标，我年终就奖你一辆轿车！”

这句算是玩笑，也不算是玩笑，因为陶华碧本人当时认为不可能完成，但基于激励的本意，她给了一个天大的承诺。

其实，听到这句话的所有人都没人当真，因为陶华碧一生节俭是出了名的，她自己当了那么大的老板了，却从来不给自己配轿车，平时出门办事大多去挤公交、中巴，即使是去税务所交税，也是兜里揣上两个馒头作为中午饭，坐着农用车往返。如果不说，肯定没人相信她是“老干妈”公司的董事长。节俭到如此地步的“老干妈”怎么可能会舍得奖外人一辆轿车呢？

到了年终，这个销售商带着销售3000万元的销售额业绩来汇报时，所有人都震惊了，因为大家都没有料到他竟然实现了如此困难的目标。这时，就有人提起了奖励轿车的事，大部分人表示，这只是当时的一句玩笑话，不用当真。可陶华碧却如此表态：“人要讲信用，说出去的话就像泼出去的水，不负责任怎么取信于人？”她力排众议，奖励了这位销售商一辆捷达轿车。

这事传开后，销售商们都感叹道：“还是‘老干妈’最讲诚信啊！对她这样的人，谁还会忍心骗她！”

可能大部分人以为陶华碧一句玩笑话赔了一辆轿车，可陶华碧自己却不这么认为，她认为自己不但没有失去任何东西，反而得到了很多，尤其是各路销售商的赞赏和信任，这些可都是金钱买不到的。

诚信让陶华碧赢得了美誉，也让“老干妈”麻辣酱赢来了更多更大的机会。

这件事之后，陶华碧更加把诚信经营当作企业发展的法宝。她自信地说：“我不懂什么时髦的管理方法，我就靠诚信，我要诚得别人不忍心骗我！谁要是骗了我，别人就会说：‘你连她都忍心骗啊？’谁就在同行中臭名远扬，难以立足！”当时自信满满的话，让听到的人都不由得鼓起掌来，为她的做事风格由衷地发出赞叹。

可没想到，这话才说出去没几天，就有合作伙伴和厂家为谋私利真的骗了她。

有一次，她的公司急需豆豉，让重庆的一家豆豉酿造厂赶紧运来了10多吨豆豉，因为已经是“等米下锅”的状态了，检验员收货时也就没有仔细查看，谁知货卸车后，才发现外面摆放的豆豉是质量好的，里面的豆豉是坏的，还坏到已经馊了的地步。

这种情况在“老干妈”公司是前所未闻的，因为“老干妈”检验严格是出了名的。当下这个情况显然是非常糟糕的，陶华碧知道这个消息后，气得坐不住了。如果说只顾赶着生产，这批豆豉经过特殊处理后用一用也未尝不可，因为经过发酵之后，原料的品质靠肉眼是分辨不出来的。但陶华碧却坚决不允许这样的事情发生，更不愿意对顾客有一丁点儿的欺骗。于是，她决定将这批货退回，态度非常坚决。公司也因缺原料被迫停产两天。短短两天时间公司就蒙受了巨大的经济损失，但陶华碧并不心疼，她始终坚持自己的想法。

这件事情传开后，陶华碧为顾客着想的真诚而负责的精神感动了人们，“老干妈”在市场上的信誉更加深入人心了。

而重庆的那家豆豉酿造厂呢？因为连陶华碧都欺骗，它顿时就成了“千夫所指”的过街老鼠，在同行业的信誉一落千丈。而凭着诚信，陶华碧在同行中赢得了广泛的美誉，企业不断壮大，品牌也广为人知，利润更是逐年增加。

诚信能够让人收获意想不到的美好，更是一个人一个企业不可或缺的基本品质。

2005年，宁波瑞宝渔具有限公司把一单价值50万美元的渔线轮产品发往美国，之前这批产品通过了所有的检测，包括美方人员的现场验货。在随后进行的一项试验中，瑞宝公司发现这批不锈钢材料有轻微的生锈现象，尽管这个小缺陷不会影响产品的使用功能，短时间内消费者也难以发现，即便事后消费者有反映，责任也已经不在中方，但最终瑞宝公司还是决定召回这批产品，为此企业损失了200多万元。经过这件事后，美方撤回了验货员，对瑞宝产品“一百个放心”。

这个故事和“老干妈”的故事如出一辙，都是以小见大，从一件小事中将企业的精神发挥得淋漓尽致，这样诚信的企业，值得创业者们学习。即使是一句玩笑话，也要负起责任来实施它，因为责任无大小，都是应该为之付出代价的。

·2·

企业要壮大，人才要跟上

陶华碧自己没读过书，自知没文化的苦处，所以她成立公司之后第一件事就是想着给公司引进一批优秀的人才。最先进来的就是她的大儿子李贵山。李贵山虽然只有高中文凭，但对陶华碧来说，拥有高中文化已经非常不错了，至少比她这个“文盲”要好上许多。

从1998年开始，陶华碧就派遣公司的管理人员到广州、深圳和上海等地考察市场，到一些知名企业学习先进的管理经验，并对他们说：“我是老土，但你们不要学我，企业不能这样。你们这些娃娃出去后，都给我带点文化回来。”

其实那个时候的“老干妈”公司里也大多是一些不需要什么文化和知识就能解决的问题，因为刚刚创立不久，就已经在市场上占据了一席之地，但陶华碧的心可不止这点，她希望未来能够继续将企业做大做强，所以即使在不需要什么管理理念的初期，也要让公司的文化阶层不落后。

有时候一个企业最具竞争力的并不是产品本身，而是人才，人才是最先进的生产力，是拉动发展的第一要素。人力资源优势是一个企业最具潜力、可持续、可依靠的绝对优势，靠人才支撑发展是一条越来越宽广并十分可行的发展路径。越是重视自主创新、重视人才作用的企业，抗冲击的能力就越强。

在之后的经济冲击和金融危机中，各种大小企业纷纷宣布倒闭，但“老干妈”却存活了下来，不仅如此，还保持着相当稳定的增长态势。而当初他们的合作伙伴贵阳第二玻璃厂也是当中的受益者，是“老干妈”的稳定增长让贵阳二玻也能够存活下来。

一个企业要发展，要抵抗各种突如其来的经济状况，就得引进人才，只有优秀的人才聚集在一起，才能给企业带来更多的机会和生存可能。

关于引进人才的重要性，这方面的典故太多了，最耳熟能详的莫过于三国时期的刘备三顾茅庐了。一个是堂堂皇叔，却不顾冰天雪地，三番五次来到诸葛孔明的茅庐前，请其出山，助他一臂之力。三国时期，群雄割据，谁能得到人才，谁就能拥有天下，或者拥有天下的一部分。刘备才情出众，不仅周旋于各大诸侯之间游刃有余，更能获得生死相随的左膀右臂关羽和张飞，但这还不够，没有谋士，只靠武将是打不来天下的。请得诸葛亮出山之后，刘备从一个可有可无的左将军虚名到名副其实的关中王，和江东孙权，魏地曹操三分天下，一时间刘备美名扬天下。这不得不说少不了谋士诸葛亮的功劳，至少，刘备的天下有一大半是诸葛亮费尽心力为其筹谋的。所以说，陶华碧和刘备一样，她自身拥有再大的本事也难以做起如此大的企业，必须要靠身边的各位“谋士”，也就是引进的人才来帮助她。

引进人才与培养人才，这是一个想要存活并活得好的企业必须要做的事，陶华碧虽然没有学过什么经济管理、企业管理，她甚至大字不识几个，但是她凭借敏锐的商业嗅觉和长期看《新闻联播》等节目所积累的知识，她知道人才是一个公司的重要支柱，因此她将人才收入麾下并加以培养。事实证明，她的做法十分正确，因为“老干妈”在之后的发展中获得了重大的成功。

“老干妈”1996年成立，1998年就已经取得了产值5014万元，上缴国家税收329万元的傲人业绩。

问及陶华碧是否有想过会做到如此成就时，她答，没有，但相信自己的努力。

当仅有40人的食品厂生产出来的产品已经让周边的消化能力饱和时，陶华碧想到了出去推销；当推销初见成效时，她开始思索着继续扩大规模。40人的厂子变成了千来号人的大公司。

这不是一时头脑发热而做的决定，陶华碧在经历了几年的经营之后，她总结了自己的产品特点，并综合了当时市场的行情，之后她大胆地决定扩大规模，将厂子办成了公司。

很多创业者对于公司规模是否需要扩大一直存在争议，有人认为小而美是当下社会经济条件下的主流，而且抗压能力也好，失败后损失小。有人认为公司规模越大越好，能够多点立足，活化市场，将更多的客户资源握在手里。

总体是各有各的道理。其实，每个企业的状况不一样，是否越大越好，无法一概而论。但就目前来看，其实并非是越大越好。

陶华碧扩大公司的规模，那是在可控范围内做的调整，如今每天的业务量仍然有逐渐增加的趋势，但公司的人员基本保持在一个合理的范围内，很少有变动。

企业的规模大小主要由市场决定，同时也是由企业主或股东所决定的。对于企业成功的标准，实际上存在着多种价值观和判断标准。小企业往往并不热衷于追逐利润和规模扩张，而是追求一些在它们看来更为重要的目标。比如以服务业为主的小企业，企业都是“顾客亲密性”企业，或者是非上市公司，企业不以上市为目的，也不引进外界的股东，因为这些公司总在寻找不确定的未来和一种金钱不能衡量的东西。一旦屈从于外界的压力，就会失去自己追求的目标，而这已经超越了传统商业对成功的定义。

一个企业适不适合扩大规模，也不是一个人说了算。陶华碧决定扩大规模，当时引进了职业经理人，一致协商后决定扩大规模，当然这个决策是对的，因为之后的“老干妈”发展迅速而稳定，成为一个真正令人肃然起敬的大公司。

适时扩大规模，积极进取，为企业赢得更多的关注度和美誉是非常重要的，也是非常必要的。

现在大街上随便找个人，可能十之八九对“老干妈”这个词都不会陌生，尤其是近几年，这个曾经发迹于路边摊的本土调味品，在美国惊艳亮相之后，逐渐成为无数人的餐桌最爱，创造了一个令人惊叹的世界品牌。在国外，“老干妈”甚至成了奢侈的调味品。

“老干妈”有名气了，随之而生的“老干爹”、“老干娘”、“老太婆”等类似名字的产品也适时出世，迅速占领了一部分市场。

“老干妈”的成功不是偶然的，而是经过了时间的考验而取得的。本土辣椒酱符合本地人的口味，“老干妈”正是为此而研制的。

“老干妈”和那些“老干爹”们事实上是毫不相干的，应该说是“老干妈”顺应了市场，占领了先机，在人们心目中留下了深刻印象，所以同样是本土品牌，“老干妈”无论是销量还是口味都更受欢迎。

所以，一个品牌要发展，一个企业要做大，领导者就不能“事必躬亲”，而应该引进人才，才能跟上企业发展的步调，否则错失了机会，得不偿失。

·3·

保障员工利益，工资绝不拖欠

“老干妈”公司最初引进人才的时候，陶华碧的大儿子李贵山辞职进了公司，李贵山一进来就帮助她制定公司政策，那时她就把“讲感情”这一项视为最基本的要素。当公司后来发展到1300多人时，全员包吃包住的制度仍然没有废止。这么庞大的企业，一直这样实行全员包吃包住，谁敢想，谁又敢做？然而，陶华碧不管花多大的“血本”，都始终坚持了下来。

如此大费周章地完善和改进员工福利和制度的企业，为数不多，“老干妈”算是一个特例。

2008年第四季度，在国际金融危机的冲击下，“老干妈”公司订单锐减，销售收入下滑55%，首次出现产品积压。他们迅速制定市场建设方案，以“突出重点、倾斜终端、全面协调、统筹兼顾”的16字方针巩固市场，重新树立销售商和消费者的信心。从2008年12月起，公司每月拿出650

万元资金投向市场，通过大型促销活动等手段，让利销售商和消费者。

在最困难的时候，“老干妈”公司没有裁掉一名员工，1300名一线员工的薪水全额发放，700名轮岗职工拿到了基本工资，而管理层的薪水则主动降低15%。随着订单的增多，公司2009年1月份的销售收入达到1.6亿元。目前全国各地的经销商已向“老干妈”公司追加120车皮的货，企业正开足马力生产。

“老干妈”的管理体系里最重要的一点就是将员工的利益放在第一位，即使是最困难的时候，她也没有拖欠工资，或者裁员，而是尽最大努力让大家都能够不失业不下岗，能过和平常一样的生活。

这样为员工着想的心是非常令人敬佩的，十分值得企业家们学习。

无论是传统企业的人事管理还是新型的人力资源理念，都把人力看作一种资本和资源，在管理方法上也变人事管制、管理为人力资源经营；同时引进契约自由和等价有偿等私法原则，赋予员工就自身权益，主要是劳动报酬和劳动保护和企业对等谈判的权利。

在对薪酬福利问题的认识上，不能简单地把薪酬福利看作劳动用工所应当支付的报酬，更要把薪酬福利看作劳动者基于个人自由意志而向企业出售劳力和智力所应当获取的对价，看作一种吸纳人才调动员工积极性的主要手段。

基于这种认知的变化，薪酬福利管理作为人力资源管理的重要组成部分，第一次摆脱了在企业管理中的从属地位，成为任何一个企业都必须严肃对待的课题。设计科学合理的薪酬福利制度，并在实践中不断地予以发展和完善，为企业员工提供对内具有公正性、对外具备竞争力、对员工具备激励性的薪酬福利制度是企业管理层，特别是薪酬管理者的重要工作任务。

薪酬福利制度对企业的重要作用可以从多个角度来考查。首先，公平合理的薪酬是企业吸纳员工、留住员工、减少劳资纠纷、激励员工工作积极性、实现企业战略发展所需要的核心竞争力的关键。客观、公正、合理地向每一个为企业发展做出贡献的员工支付报酬，能给员工带来自我价值的实现感和被尊重的喜悦感，增加员工的归宿感以及对公司发展战略的认同和支持。

·4·

管理就两点：温情加诚信

马克思主义认识论认为，人是生产力中最积极最活跃的因素，也是生产力中唯一具有能动性、创造性的主体因素。再好的管理、再好的制度也需要人来执行和运作。因此，企业的发展快慢和优秀与否，在根本上取决于员工个体素质的高低。建设一流的队伍是推动企业成熟优质体系建设的基本保证。

通过精神层面的感召力，使得企业内部真诚相待，从而充分调动广大员工的积极性、主动性、创造性，高度认同和支持企业的经营政策和方针，促使企业生产力得到进一步的释放和发展。

这个道理或许陶华碧并没有学过，但她却用自己独特的管理方法让员工们同心协力致力于发展“老干妈”。

陶华碧十分重视对员工的管理，但她用的“土”方法和马克思主义的认识论却不谋而合，那就是充分调动员工的积极性，让员工愿意去劳作，去努力。她用到的就是“亲情化管理”方式。

从部队转业到206地质队汽车队工作的长子李贵山得知母亲在打理公司时的各种难处之后，主动要求辞职来帮她。虽然此时的陶华碧已是小有名气的生意人，但她还是觉得李贵山辞掉“铁饭碗”来帮助她是“秀才落难”，所以她有些反对儿子的做法。无奈之下，李贵山只能“先斩后奏”，先辞掉工作再告诉陶华碧，并成为“老干妈”的第一任总经理。

虽然并不赞同儿子的做法，但对陶华碧来说，有儿子在身边，总比其他人要安心很多。

李贵山辞职后，一进来就为陶华碧想到了很多关于管理员工的规章制度。他虽然读过高中，但文化程度仍然不高，要说到管理企业，并整理出一整套行之有效的规章制度，显然是非常艰难的，这一点陶华碧也非常清楚。而且，她更加清楚的是，厂里的员工都是文化程度不高、家境相对困难的穷苦人，模仿其他公司的那些管理条文对这些人来说并不会起到多大的作用，与其如此大费周章，还不如用自己的“土方法”来管理。

陶华碧的一套管理制度非常简单，就是两个字：温情。

所谓“温情”，就是用亲情式的方式来管理和约束员工，员工们称之为“干妈式管理”。陶华碧的管理方式简单而行之有效，具体实施也不费力，就是对员工进行“亲情投资”。每一个员工的名字，只要见过几次，她就会记住，这让员工们都感受到她像母亲和大姐般的温暖，彼此之间没有领导和员工的隔阂和客套。这样的好处是，大家在公司里做事，感觉就像在自己家里一样，没有压力，干劲十足。

“老干妈”公司里的员工几乎很少流失，忠诚度极高，这都得益于陶华碧的“亲情式管理”。在她的领导下，没有人消极怠工，也没有人背叛公司，因为每个人都觉得就像在自己的家里做事，非常有安全感。

无论公司做到多大，陶华碧始终坚持给全体员工免费提供吃住。这是因为她自己曾经有过远赴他乡打工的经历，那段时期是她人生最灰暗的低谷，她体会到的是社会的残酷和人生的无常，所以她看到这群员工就好像看到了曾经的自己。

很多创业者在创业之初，尤其是小型公司，根本不可能为员工提供任何食宿方面的优厚待遇，因为创业之初，各方面的花费很多，领导者往往会将资金运用到“刀刃”上，也就是项目研发、设备购买等一些以公司本身为出发点的地方。而陶华碧却不这么认为，她认为“人脉”就是“钱脉”，留住了人心，就留住了金钱。在公司里没有员工叫陶华碧“董事长”。大家都亲切地喊她“老干妈”或者“陶阿姨”。

新形势下如何加强企业管理，是每个管理者都面临的重大课题。在当前市场经济条件下，如果只是一味地强调物质利益和金钱的激励作用，而忽略了职工情感上、心理上、精神上的需要，这样有失偏颇，就会使管理走向极端。物质利益是必要的，但其激励效果也是有限的，这就要求管理者要将注意力转向职工的高层次需求，寻求一种新的管理方法，通过有效的思想工作和精神激励，激发职工的事业心、成就感，而这种新的方法就是陶华碧所实施的“亲情管理”。

亲情文化虽非中国所独有，但唯独在中国才可以形成一种历史悠久、传播广泛、影响持续、方式缜密、内容全面、形态复杂、功能完善和体系庞大的文化。

给职工以人性化的管理，使职工对企业产生认同感，从而把自身的发展与企业的发展有机融合，提高了企业的凝聚力。当企业职工以企业的价值取向作为本人的价值取向，那么职工便会把企业的发展作为其个人的事业，规范自己的行为，以企业的发展为己任，提高企业竞争力。而亲情管理正是把“以人为本”这一理念，赋予管理尊重人、理解人、感化人、培育人、塑造人的内涵，更能将人的情感和企业的文化结合起来，如此一来，企业的凝聚力会更加强大，人与人之间便不再只是单纯的同事关系，上司与下属的关系、而是从单纯的金钱关系过渡到一种自然的亲近关系。

企业的凝聚力是企业生命力和企业活力的重要标志，而领导人的温暖关怀，亲情式管理方式则是增强企业凝聚力的有效措施。“亲情化”作为企业文化的核心价值观，能够把企业在长期奋斗中形成的优良品质、顽强作风挖掘和提炼出来，成为大家认同和遵从的价值规范，有助于把各级员工对企业的朴素情感升华为强烈的责任心和自豪感，把敬业爱岗的自发意识转化为员工的自觉行动，使每位个体的积极性凝聚为一个整体，从而增强企业的生命力和活力。

事实证明，陶华碧的“亲情管理”方式非常奏效，仅仅一年多时间，“老干妈”公司就做到了企业产值1400万元，上缴税收86万元的傲人业绩，不得不说，这是全体员工用对工作的激情换来的成绩，也是对“老干妈”陶华碧的回报，回报她的信任和温情。“亲情”管理方式让“老干妈”获得了更强的凝聚力和向心力，“老干妈”也才一步步地走到了现在。

“温情”两个字说起来简单，做起来难。不只是对员工提供优厚的就职条件，更重要的还在于一个“诚信”问题，对员工做到诚信，这是温情管理的一大要求。

而诚信，不只是对待员工，更重要的是对待消费者。两者达到平衡，才是温情管理的精髓。

繁荣的市场经济使国内不少企业得到了很大的发展，由小到大，由弱到强，成功的企业多数以诚为本，但也有少数企业在市场大潮中鱼目混珠，缺少诚信，给企业和个人都带来危机。

“老干妈”一向以不打广告，不鱼目混珠而出名，尤其是其讲诚信的故事更是人们传颂至今的典范。

由此，笔者想到《读者》杂志曾经刊载过一个《一张床垫》的故事，说的是在美国某市有个叫汤姆的人在一个叫“蓝森林”家具店预交200元订金订购了一张床垫，可他在回家的路上不幸遇到车祸，成了植物人，家具店自然不知情。当家具店把做好的床垫送到汤姆家里时，房子的主人对购买床垫一事并不知情，送床垫的人对照订单上的地址、门牌却一点没有错，感到莫明其妙。无奈家具店只好将床垫拉回，心想这个叫汤姆的人既然交了200元的订金，他一定会回来找的。“蓝森林”家具店是一家守信的老店，他们不但没有因为这张床垫无人来取而感到占了便宜，反而陷入了困境。他们在店门口张贴了广告，又在报纸上发布了消息，寻找汤姆。汤姆的床垫在店里放置了一年又一年，厂家已经不再生产这类床垫了，可汤姆还是没有来。这中间商店和厂家为这张床垫多次商定，并坚定要留下这个床垫。就这样，这张没有人来认领的床垫被店家挪来挪去，虽然很占地方，但却没有人对这种看似有些愚蠢的做法提出任何非议。这期间，家具店换过两次老板。

接任时，前任都要领着接任者走到这张奇特的床垫前，说明几年前发生的情况。接任者也像他们的前任一样，信守诺言。每隔一段时间，他们就会照样拿出一支粗笔，把床垫上那几个已经模糊了的大字再描上一遍："订购人，汤姆"。他们要把这件事作为信守合同的一种责任让自己牢记。这就是"蓝森林"家具店的为人。谁想，7年之后，成为植物人的汤姆苏醒了。家具店惊奇地得知这一消息后，急忙去医院找汤姆。原来7年前是汤姆把订货单上的地址写错了，怪不得床垫永远也送不到汤姆的家。就是这张床垫，默默坚守，等待了7年，才感动了神灵，使汤姆重返人间，得以新生！据说美国当时的总统里根看了报纸也大加赞扬，肯定地说："真诚，一定会感动上帝！"

诚信是一个道德范畴，即待人处事真诚、老实、讲信誉，言必信、行必果，一言九鼎，一诺千金。在古文中的解释是："诚，信也"，"信，诚也。"可见，诚信的本义就是要诚实、诚恳、守信、有信，反对隐瞒欺诈、反对假冒伪劣、反对弄虚作假。面对鱼目混珠的市场，作为企业如何理解这个问题，又如何做到诚信，值得我们深思。

说到这里，我们再看看"老干妈"，她的成功之道就在于绝技加诚信。企业白手起家，不要银行贷款，也不做广告，却占据行业制高点，让人羡慕，却也敬佩。

"老干妈"的绝技，来自一地乡间，再加上注重大众口味的普适性，用料、配料、工艺拿捏，添加了许多讲究。虽然她从不与外人细说，大众却以不断扩大的购买，来支持其味道。而其诚信，是从不偷工减料、以次充好。从最初的风味豆豉辣酱，到现在的数十个品种，每一个品种都凝聚了她亲力亲为的心血。这么多年来，除了在包装上出过点问题被迅速处理之外，产品质量本身，是绝对值得信任的。

在企业还只有一辆小长安面包车时，她租了城郊一村委会的小院做厂房，产品还是温热的，就被一辆一辆汽车拉走了。先款后货，商家要排队一两周才拿得了货。

不做广告，自有消费者口口相传，不要银行贷款，却有产品长年旺销带来的滚滚资金流。众多调味产品，起起落落，她的产品却有市场最高的认同度，产量和销售始终高居榜首。

诚信是人生路上的一张通行证，李嘉诚先生也曾说过："你必须以诚待人，别人才会以诚相报"。

在现代经济社会，即使一个企业拥有雄厚的资本实力和现代化的机器设备，有誉满全球的品牌优势，但如果它在商品、在服务上做假，欺骗客户和投资者，丢掉了信用资本，就没有银行愿意给他贷款，合作者和客户没有了，所有物力资本和人力资本就失去了它的意义，企业必然会陷入困境，并最终在市场中消失。

因此，诚信确确实实是做人、立业之本。我们每个人都有义务从自身做起，恪守诚信，让诚信成为我们为人做事的准则。只有这样，才能不断进步，收获更多机会。

时下不少企业都因缺少这种弥足珍贵的品质才元气大伤的。人在职场没有了诚信，或者你的诚信受到怀疑，那么你将难以融入这个社会和企业，难以在社会上立足，小胜靠智，大胜靠德，说的就是这个道理。因此，诚信是企业和个人的立身之本。

对于大部分企业来说，做到诚信有时候并不难，只需要从日常管理的小处着手即可，主要有以下几点：

第一，提供给员工有竞争力的薪酬。员工的工资是公司与员工双方协商确定的，一般都会等于或者高于员工应聘时候的期望工资。每月按时发放当月工资，让员工上班的第一个月就能得到自己的劳动成果。

第二，准时、准确交纳社保及住房公积金。公司完全遵守国家的法律法规，为所有员工按月交纳五项社会保险和住房公积金。缴纳基数是依据员工的实际收入计算而来，远远高于国家规定的最低基数。这样一来，员工不需要担心自己的养老、医疗问题，能尽心尽力地为公司工作。员工利用住房公积金购房，或者公积金贷款购房，极大地方便了员工，对员工家庭的和谐、幸福提供有力的保障。

第三，提供全方位的劳动保护。工厂针对各个岗位，进行风险评估，为员工提供免费的工作服、安全鞋，在特殊的岗位提供特殊的保护服和保护器具，确保员工工作期间不受伤害。

第四，确保员工休息的权利。有专业的指纹考勤控制系统，每天有专人负责检查员工出勤，严格控制员工工作时间，确保员工每月加班平均不超过36小时，让员工有足够的休息时间，保障员工的身心健康。

第五，为女职工提供合理的关心和爱护。针对女职工各个特殊时期，公司提供足够的假期，合理分配女职工的工作岗位，全额报销怀孕女职工的体检费，及时办理生育女职工的生育报销、产假工资等手续。公司提供给男职工全薪护理假期，以陪伴家人。给员工的新生婴儿提供12个月的优质奶粉，为母婴健康提供有力支持。

第六，自成立之日起，就为员工上下班提供免费住房或者餐食，能够最大限度地让员工感受到来自公司的温暖和关怀，不为吃住发愁了，员工们的工作热情自然非常高。

第七，每年组织春节晚会，弘扬企业文化；每年组织雀巢家庭日，把所有员工的家庭成员集中到工厂，进行为期一天的大联欢并发放大量礼品，让员工的家属亲身感受到大家庭的温暖。

第八，设置员工建议箱及厂长信箱，所有员工都有权就任何问题提建议。管理层会对所有建议进行评估，并且书面回复。好的建议，公司会给予物质奖励，以此来提高员工的参与度。

每年组织一次“员工工作环境调查”，确保员工在安全、健康、环保、舒适的环境里工作。

以上几点，如果都能做到，那么毫无疑问，企业的诚信便树立在了员工的心里，如此一来，工作效率得到了提高，公司的业绩自然也会跟着涨上去。

诚信是创业的基石，更是做大企业的最基本条件。

第六章

一个目不识丁妇人的领导技巧

“老干妈”陶华碧管理风格是个例外，她不用书上的道理，而是按自己多年得来的经验进行管理，目不识丁却能赢得众人的尊重和爱戴。

·1·
我是给你们打工的

陶华碧对员工的工资福利自然不用多说，对员工的感情投资也不少，而且她认为自己的投资非常值得。

有一天晚上，她看到院子里一群老太太在闲聊，长久没闲聊过的她情不自禁地拿着一个小凳子，走到了老太太们中间。老太太们看见她来了，顿时就把话题转到了她身上，问她："你赚了那么多钱，几辈子都花不完，还这样拼命干什么？"陶华碧一听，顿时愣了，真的不知该如何回答。那天回家后，她躺在床上一直在思考这一问题，几乎彻夜未眠。第二天，正赶上公司召开全体员工大会，按照会前的安排，作为董事长的她要给员工们讲一讲当前的经济形势，以及如何应对"入世"后的挑战，然后具体工作指标由副总经理下达。会前，长子李贵山就为她拟了一份讲话稿，一遍遍地读给她听。她的记忆力非常好，听了几遍后就能几乎一字不落地背下来。但在会上讲话时，她突然想起昨夜那些老太太向她提出的问题，心里忍不住一阵感慨，于是马上转换话题说："昨晚，几个老太太问我：'你有那么多钱，还拼命干什么？'我想了一宿，也没有想出个结果来。看到你们，我现在有了答案：企业我带不走，品牌我也带不走。毛主席说过，未来是你们的。我一想呀，我这么拼命，原来是在给你们打工哩！你们想想是不是这个道理？为了你们自己，你们更要好好干呀！"听到这，所有人都一愣，掌声随即响彻会议室……

情感就是凝聚力，有时甚至就是生产力。

凭着最朴素的感情，凭着企业家最精明的直觉，陶华碧悟出了这个道理。原来，"老干妈"之所以能够这么快地做大做强，全是凭着感情的凝聚力。最初的那套土得掉渣的关心每个员工的原始的规章制度，哪怕企业如今现代化了，依然是"安身立命"之本啊！

陶华碧的种种情感投入，都是企业的一种社会责任感，就是知道自己在做什么，以及这样做的意义。一个团队的存在，并不仅仅是为了自身的生存，如果仅仅能够养活自己，那么这个团队的存在对社会也就没有任何意义了。

企业社会责任感是指企业对待社会的一种责任态度，是指企业所面临的社会责任，体现的方式包括对社会所做出的有偿与无偿贡献，形式有资助、捐款、由企业出资的建造工程，或是灾难物质的捐助等。

一个企业的存在，绝不能以赚钱为唯一目标。除了赚钱之外，企业还应该服务社会、创造文化、提供就业机会、把高质量的产品和服务以最低的价格提供给消费者。这些都是企业应该具有的目标，也可以说是企业的使命。一个企业如果从管理层到普通员工都能形成这样的责任感，那么这个企业最终一定会有大的发展。仔细研究那些世界著名企业，我们会发现，任何一家企业都不是以赢利为自己的最高使命，它们大多以服务社会、造福人类、改变生活之类的崇高使命作为自己企业文化的核心。

英国企业家康那德说过：“领导是行动而不是位置。”领导要率先垂范，以身作则。法国企业界有句名言：“爱你的员工吧，他会百倍地爱你的企业。”对职工充满关爱，职工自然会感激领导。孔子曰：“仁者爱人，泛爱众”，一个优秀的老师希望自己的学生能有所成就，一个合格的领导也希望自己的下属能够有所作为。作为一个领导，必须要有善心、善举，真诚待人、以心换心，对下属要多赞扬、多帮助、多包容，把他们当作自己的亲人一样对待，付出爱心、充满爱意、以德服人。“小胜靠智，大胜靠德”，要善于调动他们的积极性、主动性，给他们提供发挥才能的舞台，增强他们的成就感，体现他们的价值。

·2·
亲姐姐也要一视同仁

陶华碧自幼家境不好，日子过得穷，曾经从她的那些亲戚处获取了不少的帮助，也就是说，她欠着人家的人情，所以当她的事业走上了平稳的康庄大道时，就开始对那些曾经帮助过她的亲戚们给予回报。

人在困难时帮过她，所以自己有钱了帮助一下他人也是应该的。

那时候因为“老干妈”公司需要大量的辣椒，所以陶华碧的很多乡下老乡都把自己种的辣椒送到贵阳。其实这样的不正规散户并不在陶华碧的原料采购清单上，不过限于人情上抹不开面子，陶华碧都会收下辣椒，而且价格上也绝不含糊。有一次，陶华碧的姐姐拉了一车辣椒过来，她依然是按照往常一样收了下来。结果没多久，质检部门的负责人就跑过来报告：辣椒中有小石子。这件事让陶华碧大为光火，十分生气。要知道，别人家的辣椒别说是石子了，就连辣椒蒂都得提前剪掉。如果质检部门没有发现这些石子呢？可能它们会被装进一罐罐辣酱里，最终上了顾客的餐桌。向来把“老干妈”辣酱的质量视为生命的她，再也忍受不了这个打着“人情”旗号的姐姐，她当众向姐姐发火，说以后再也不会收她的辣椒，并让她把这车辣椒也拉走。已经上了年纪的姐姐哪里受得了陶华碧说的这些狠话，当场就哭了出来。她觉得陶华碧不讲人情，对她这个亲姐姐都说这样的话，完全就是有了钱不认人。

这件事情对于陶华碧的触动很大，她开始意识到，是时候向人情文化说再见了。在“老干妈”创立之初，熟人的帮忙曾经给陶华碧很大的安慰。当时她一个人撑起了整个企业，后来也招了家乡一些知根知底的人。因为是熟人，所以干起活来也不好意思省力气，平时有什么需要加班突击的任务，陶华碧也可以很好地和他们沟通。但是随着“老干妈”逐渐壮大，“人情管理”的弊端开始凸显，不少人借着自己和陶华碧相熟，或者是“老干妈”的早期员工，开始通过不规范的做事方式为自己谋利。上述事情就是最好的佐证，其实当时还有其它类似情况，陶华碧最终选择了向最亲密的姐姐开刀，一次性下够猛料。

除了借自己的姐姐杀鸡儆猴，之后陶华碧让大儿子李贵山建立了最初的“老干妈”管理条例，开始铺设“老干妈”的现代化管理制度。其实，拿自己的亲姐姐开刀，肯定是一件很难做的事情，但是为了“老干妈”未来的发展，陶华碧只能这样做。企业尚未长大的时候，人情文化可能利大于弊，但是当时“老干妈”已经走上了快速发展的道路，曾经的人情文化变成了前行路上的绊脚石。

很多企业在招聘时容易遇到所谓的“关系户”问题，应聘者多是关系单位、上级部门、内部关系及熟人推荐来的亲朋好友，企业对此事也都非常头疼，一边是人情，一边是公司的效益问题。

有的企业由于效益比较好，工资也给的高，常常会造成招聘时场面非常壮观，有父母带孩子来应聘的、有政府机关带着熟人来应聘的、有公司员工利用休息时间带着朋友来面试的、有拿着某某人的字条来面试的。总之，招聘工作给企业造成很大的困惑。

公司经常会遇到这类问题，有些是不好拒绝的，如果企业接收的人是可用的还好，如果不是可用之人企业的损失是很大的。

因此，人力资源部门是公司的大门，在选人时要把好入口关，要知道选好人企业才有希望发展壮大，当然只要推荐的是人才，企业是欢迎的，但也要注意以下几点：

第一，以《职位说明书》这把尺子为标准来选人，至少也要符合招聘的相关规定。

第二，公司要制定一整套严格的招聘、录用程序，不能走过场。

第三，在面试时要增加笔试的筛选，对于笔试不合格者取消面试。

第四，制定规章制度明确规定哪些人员不予录用：如公司中、高级管理人员的亲属及一般职员的直系亲属、体检不合格者、提供伪证者、不符合国家有关用工规定者、品行不端者、其他认为不应录用的人员等等，在筛选时就应给筛掉。

第五，俗话说："师傅领进门修行靠个人"，公司不是慈善机构，而是企业。如果被选之人是关系单位推荐，经过面试合格后，也要对其进行教育，不能因是熟人介绍就高人一等，否则，有可能在试用期内就出问题而被辞退，还不如不推荐的好。

元老及亲戚问题一直是困扰中国民营企业的大问题。公司元老的情况差别很大，要区别对待。有些元老能力跟不上了，可是有些还是可用，公司在用人的时候，对于有能力的元老要给他们舞台，让他们充分发挥。对于那些确实通过培训都无法胜任工作的，公司要通过制度让他们退下来，同时要保证他们的利益。

关于亲戚问题，公司如果有七大姑八大姨你根本没有办法规范运作公司，并且，很难吸引到人才，谁愿意到这样的公司当“外人”？对于亲戚，应该建议他们逐步离开公司。如果是人才，不管到哪里都有饭吃；如果不是人才，要他们留在公司又有什么用?

陶华碧本身是一个十分崇尚“亲情管理”的人，她对待员工犹如自己的家人，这是亲情管理，可对待自己真正的家人，她却是十分严格的，因为她明白，人情也好亲情也好，这些都是虚的，在生意场上，能够为企业带来效益的才是真正有用的。

如果每个人都像陶华碧的姐姐那样，依仗自己是“关系户”，便做事马马虎虎，对企业的名誉和产品都造成了伤害，这是非常不可取的。亲情也好人情也罢，只要是为企业好的，都没有问题，但若涉及原则问题，这些所谓人情就应该毫不留情地淘汰掉。

·3·

和懂得吃苦的人才能谈生意

商务谈判，是买卖双方为了促成交易而进行的活动，或是为了解决买卖双方的争端，并取得各自的经济利益的一种方法和手段。

商务谈判能帮助企业增加利润。对于一个企业来说，增加利润是头等大事。增加利润一般有三种方法。

第一种就是增加营业额。它最直接，但也最难。因为在市场竞争日趋激烈的今天，争夺市场份额本身就是一件很难的事情；而且增加营业额往往也会增加费用，所以可能企业的营业额增加很多，但扣除费用以后发现，利润却没怎么增加。所以，这是常见却又不容易实现的方法。

第二种就是降低成本。一般来说，企业降低成本的空间是有限的，降到一定程度就再也没法降了。而且降低成本还有可能降低产品的品质，反而损害了公司的长远利益，不到非常时期不推荐此种方法。

第三种方法就是谈判。通过谈判，尽量以低价买进，高价卖出，一买一卖之间，利润就出来了。它是增加利润最有效也是最快的办法，因为谈判争取到的每一分钱都是净利润。比如公司的某产品通常售价是一万元，如果业务员谈判水平提高了，售价提高到一万一千元，则提高的一千元完全是净利润，同样，企业在采购时所节省的每一分钱也都是净利润。

不同的谈判者参加谈判的目的是不同的，但商务谈判则十分明确，谈判者以获取经济利益为基本目的，在满足经济利益的前提下才涉及其他非经济利益。虽然，在商务谈判过程中，谈判者可以调动和运用各种因素，而且各种非经济利益的因素，也会影响谈判的结果，但其最终目标仍是经济利益。在商务谈判中，谈判者都比较注意谈判所涉及的技术的成本、效率和效益。所以，人们通常以获取经济效益的好坏来评价一项商务谈判的成功与否。不讲求经济效益的商务谈判就失去了价值和意义。

陶华碧最早的一桩堪称经典的中国式商务谈判，没有正式的谈判桌，没有豪华的律师、顾问团的参与，更没有准备什么专业的谈判装备，可以说是相当简单，就像普通的谈话一般。

那时候的陶华碧，是一个无论做什么生意，都永远坚持一手交钱一手交货宗旨的人，无论是收购农民的辣椒还是把制作好的麻辣酱卖给经销商，始终坚持现货现款，绝不拖欠。

从第一次买玻璃瓶的几十块钱，到后来日销售额过千万始终坚持这一宗旨。

从开始摆路边摊到最后的“老干妈”公司，这中间，陶华碧始终坚持奔赴一线去工作，不怕吃苦，不怕劳累，她自己也是从苦处过来的人，所以毫不畏惧“吃苦”。公司也在“老干妈”吃苦精神的影响下，成为一个

“苦中成长”型的企业。

在商务谈判的过程中，陶华碧总是强调这一点：“我们是吃过苦的人，知道怎么珍惜品牌质量，你要是跟一些不知道什么叫苦的人合作，他能把质量给搞上去？我不相信。”

所以，在跟陶华碧谈判的过程中，很多人都被她的话说服，因为她有理有据，一个农妇创业，本来就是难上加难，而她的企业更是用无数的“苦”字换来的，这样的人，这样的产品还不能够说服人吗？

经过谈判，陶华碧成功地推销了自己的产品，并获得合作者的青睐。

陶华碧的谈判方式和谈判技巧并不是后天学习的，相反，这是她的性格使然。她是一个认死理的人，一旦认定了不成功就不罢手。

虽然没有多高明的谈判技巧，也没能使对方百分之百情愿地合作，但是陶华碧的“赖着不走”这一招最终还是达到了她想要的目的。所以，陶华碧的谈判技巧在于“认准目标，绝不松手”。

这个道理许多人都知道，但是要真正做到却会觉得很难，那么难在哪里呢？难在自己没有坚定的目标，也就是对自己想要的东西不够坚定，容易在谈判的过程中被对方说服、动摇。

一旦一个人确定了目标，那么谈判就顺利了，在销售上，陶华碧也是抱着自己的目的进行销售的，她从不被别的事情干扰，她知道自己要什么。

作坊时代的“老干妈”虽然产量很小，但光靠龙洞堡周边的凉粉店已经消化不了，陶华碧心想必须开拓另外的市场，于是她第一次感受到经营的压力。

陶华碧用了一个“笨办法”，她用提篮装起辣椒酱，走街串巷向各单位食堂和路边的商店推销。

一开始，食品商店和单位食堂都不肯接受这瓶名不见经传的辣椒酱，陶华碧跟商家协商将辣椒酱摆在商店和食堂柜台，卖出去了再收钱，卖不出就退货，商家这才肯试销。

一周后，商店和食堂纷纷打来电话，让她加倍送货，她派员工加倍送去，竟然很快又脱销了，于是陶华碧便开始扩大生产。

“老干妈”的谈判技巧非常简单，首先是“不达目的不罢休”。当时在二玻厂里捡瓶子的时候，她就用的是这个战术，一直纠缠着厂里的负责人，最终二玻厂领导被纠缠得无奈，终于同意她可以在厂里捡合适的瓶子。

“老干妈”第二个战术是“自信”，相信自己的产品和服务绝对做得好，所以有底气在谈判时掌握主动权。

无论是收购农民的辣椒还是把辣椒酱卖给经销商，陶华碧永远是现款现货。“老干妈”没有库存，也没有应收账款和应付账款，只有高达十数亿元的现金流。这些都是产品质量带给她的自信。

这样的谈判方式要对自己的产品有十足的信心才可以做。一般对于推销谈判，要做的第一件事就是对自己的产品充满信心，只有你有十足的信心，你才能打动你的顾客，才能征服市场。陶华碧虽然不懂什么销售学，但她知道自己的产品好，肯定有人喜欢，于是下意识地拿产品质量赌了一把。有时候我们不得不说，销售谈判就是一场赌博，用你的产品质量赌消费者的心理，当你的产品质量过硬的时候，就能过关斩将，迎来你所希望的市场。这样的谈判技巧叫作自信打倒一切。

美国通用汽车是世界上最大的汽车公司之一，早期通用汽车曾经启用了一个叫罗培兹的采购部经理，他上任半年，就帮通用汽车增加了净利润20亿美金。他是如何做到的呢？汽车是由许许多多的零部件组成，其中大多是外购件，罗培兹上任的半年时间里只做一件事，就是把所有的配件供应厂商请来谈判，他说，我们公司信用这样好，用量这样大，所以我们认为，要重新评估价格，如果你们不能给出更好的价格的话，我们打算更换供应商。这样的谈判下来之后，罗培兹在半年的时间里就为通用省下了20亿美金！

难怪美国前总统克林顿的首席谈判顾问罗杰·道森说：“全世界赚钱最快的办法就是谈判！”

通过谈判，让企业实现利润的增加，掌握适合自己的谈判技巧也是创业者应该学会的重要技能。

·4·
从没有老板架子

“老干妈”这个称号还是陶华碧在摆凉粉摊的时候，周围常来吃饭的学生们对她亲切的称呼，久而久之，这个名字就成了她的专属代号。从此，她便非常喜欢大家这么叫她，开了公司之后，她直接给公司命名为“老干妈”，产品也用“老干妈”命名，不仅好记，而且听起来非常亲切。

陶华碧对人亲切和蔼，而且相当体恤下属，在公司里没有人叫她董事长，大家无论年纪大小都喊她“老干妈”，她也非常乐于接受。

公司2000多名员工，她能叫出60%的人的名字，并记住了其中许多人的生日，每个员工结婚她都要当证婚人，实在是令人敬佩之至。公司里的氛围简直不像公司，而像是一个温暖的大家庭。

除此之外，陶华碧还一直坚持她的一些“土原则”：隔三岔五地跑到员工家串门；每个员工生日时都能收到她送的礼物和一碗长寿面加两个荷包蛋；有员工出差，她像送儿女远行一样亲手为他们煮上几个鸡蛋，一直送到他们出厂坐上车后才转身回去……

“老干妈”对待员工和对待自己的孩子没有什么两样，她这样的热情也并不是一天两天，而是长年累月，一直坚持。

直到现在，“老干妈”已经年迈，但她仍然坚持以最初的态度对待所有的员工。其实在一个公司里，领导人对员工的态度往往在一定程度上决定了一个公司的发展方向和发展前景。

公司要发展，员工要生存，而公司的稳定和发展完全取决于领导者的领导方法和作风、员工的工作态度和工作效率。这些充分体现在公司领导和员工之间的关系上。

在工作上，员工为公司创造了价值带来了财富，公司领导除了支付相应的报酬和奖励外，更多的应该是慰问和关怀员工的精心、劳累付出；员工在生病或是受伤不能正常工作时，更应该亲临关心员工的伤势或病情，让员工感到领导的爱和关切、气度和胸怀。不管在什么时候，员工都希望公司领导给予自己更多的关怀和重视，而不是给予多少工资，这样员工工作起来更有精神，更重数量和质量，同时也感觉轻松和自然，很快能变事倍功半为事半功倍。

作为领导，应该放下做领导的架子，平易近人，和蔼可亲，时时关注员工的健康安全才是最重要的。员工无论在工作中还是平时，最大的愿望就是公司领导给予更多的关怀和慰问，在大部分员工眼里，工资是其次，能找到一个好的领导才是最大的渴求。

要想留住人才，要想让员工创造更多更大的价值，更多地取决于领导对员工的态度和关怀。所以，公司领导给予员工更多的人性关怀是极为重要的。

陶华碧对员工采取的就是将人文关怀放在首位的战略方针，或者说这并不算战略方针，因为陶华碧本人就是一个非常和蔼可亲的“老干妈”。但不得不承认，人文关怀的重要性甚至超过了金钱上的奖励。

第七章
一个普通母亲的创业经历

一个人创业，总会经历各种坎坷，而一个女人的创业路程更是充满了荆棘。陶华碧是一位普通的母亲，但却用自己的双手搭建起令人敬佩的辣酱王国。

·1·

儿子心目中的“老干妈”

陶华碧有两个儿子，大儿子名叫李贵山，当年从汽车队辞职来到了母亲公司帮助她打理公司的事务，并成为第一任总经理，二儿子名叫李辉。

李贵山1967年12月出生，籍贯山东省青岛市，他曾在全国优秀复员退伍军人专题报道中写了一篇关于母亲创业史的文章：

1985年，我应征入伍在昆明军分区某部服役，成为一名光荣的人民解放军，1988年复员后，就职于核工业部206地质队，1990年辞去公职开始投身于“老干妈”企业的发展。现任贵阳市工商联副会长，贵阳南明“老干妈”风味食品有限责任公司总经理，贵阳市第十一届、十二届人大代表。曾先后荣获“全国乡镇企业质量管理先进工作者”、“全国乡镇企业家”、“贵州省劳动模范”、“首届贵州省杰出青年民营企业家”、“新世纪首届贵州省优秀企业家”、“贵州省优秀乡镇企业家”、“贵州省首届‘创业之星’”等荣誉称号。

严厉的家庭教育和三年的部队生活，造就了我坚忍不拔的勇气和艰苦创业的精神。1990年，当时的“老干妈”公司前身还是一个经营餐饮的“实惠饭店”，由我的母亲陶华碧女士经营。看到母亲为经营饭店起早贪黑，日益辛苦，作为长子的我为了分担母亲的艰辛，毅然辞去公职，帮助母亲经营“实惠饭店”。

当时的实惠饭店不仅以价格实惠、菜肴精致、饭菜可口被消费者称道，更以饭店的招牌小菜——免费为顾客作为佐餐调料的“风味豆豉”吸引了贵阳市的众多消费者，一时间，贵阳市的众多顾客都慕名而来，“实惠饭店”的生意也蒸蒸日上，免费的佐餐调料“风味豆豉”更是远近闻名，许多消费者干脆直接到饭店求购风味豆豉、香辣酱、水豆豉等调味品。卖了满足不了来饭店吃饭的顾客需求，不卖又令专门为此而来的顾客怨声载道，供需矛盾变得日益突出。为此，我与母亲反复思考后，毅然放弃了苦心经营多年的“实惠饭店”，将几年来艰苦创业积累的资金全部投入到生产“风味豆豉”的项目上来，成立了贵阳南明陶氏风味食品厂，后经发展变更为现在的贵阳南明“老干妈”风味食品有限责任公司，由我母亲陶华碧女士任董事长，我担任总经理。

企业成立之初，是创业最艰难的时期。作为一个民营企业，要想在竞争激烈的市场夹缝中求生存、谋发展，必须要有敏锐目光，有战胜一切困难的勇气和决心以及不折不饶的精神，打造出自己的品牌，占领一席之地。为营造自己的品牌，打开市场销路，我长期出差，往返于全国各个城市，亲自组建“老干妈”公司的营销网络。回想着创业时的艰辛，不禁感慨万千。当时，由于公司产量较小，在求购产品玻璃瓶和订做产品瓶贴时，遭到当地厂家拒绝，百般无奈下，我被迫携带包装物订购款，一人外出联系，足迹踏遍了周边省份的每一个厂家。数年来，为了“老干妈”企业的发展，我一年四季在外奔波，无暇顾及家人。还记得在一个中秋节团聚的前夜，我写给母亲的一封家书最能反映当时的情形：

母亲：节日安好！

明天是19年一遇的中秋、国庆在同一天，正所谓每逢佳节倍思亲，儿亦如此，上有慈母、下有妻儿，家人团聚、天伦之乐乃人之常情。奈何商场如战场，危机四伏，不敢有丝毫懈怠啊！古人云，忠孝难两全，为了公司今年的税收和公司长远健康的发展，只好将家庭暂弃一边，今后定将加倍偿还永远报不完的慈母养育、教诲之恩。

正所谓一分耕耘一分回报。为将“老干妈”公司建设成为全国一流的民营企业，创造全国调味品的第一品牌，在公司董事长陶华碧女士的指导下，我带领公司全体员工，发扬艰苦创业，团结进取的精神，克服了诸多困难，创造了一个个“奇迹”。1998年“老干妈”风味豆豉荣获了“贵州省名牌产品”称号，公司产值达5014万元，上缴国家税收329万元。1999年产品“老干妈”风味油辣椒被评为“贵州省名牌产品”，企业荣获中国食品工业协会颁发的“全国质量效益型先进企业”称号以及“1999年度发展乡镇企业先进单位”、“贵州省1998—1999年度非公有制经济明星企业”、“1999年度贵阳市十强民营企业”等荣誉称号，全年实现产值1.5亿元，上缴国家税收2464万元。2000年产品“老干妈”

鲜牛肉末被评为“贵州省名牌产品”，企业分别被国家农业部、贵州省委、省人民政府、贵阳市委、市政府授予“全国乡镇企业质量管理先进单位”。2001年实现产值2.15亿元，上缴国家税收3700多万元，产品“老干妈”风味豆豉、“老干妈”油辣椒、“老干妈”鲜牛肉末三个品种还同时被中国国际农业博览会评为“2001年中国国际农业博览会名牌产品”，企业被评为“中国农业产业化经营20大龙头企业”和“贵州省农业产业化经营重点龙头企业”称号，以表彰贵阳南明“老干妈”风味食品有限责任公司在发展过程中对农业产业化经营所做出的巨大贡献。2002年更以实现产值3.8亿元，上缴国家税收5188万元的优异业绩名列贵州省非公有制经济纳税第一名，在非公有制经济中成为贵州省首个年纳税超5000万元的企业；在国家税务总局统计公布的“二〇〇二年度全国私营企业纳税五十强”排行榜中名列第五名，在非公有制经济企业中成为贵州省唯一一家进入排行榜的企业，也是全国辣椒制品企业的最高排名。2003年，企业保持了高速发展的势头，当年实现产值6.25亿元，上缴国家税收7800万元，名列“二〇〇三年度全国私营企业纳税百强”第十名。2004年实现产值8.087亿元，上缴税收7521万元，名列“二〇〇四年度全国私营企业纳税百强”第二十五名；同年因对农业产业化发展的贡献，被评为国家级农业产业化重点龙头企业。2005年企业实现产值10.8亿元，上缴税金1.4亿元，名列“二〇〇五年度全国私营企业纳税百强”第三十七名，被评为全国农业产业化经营优秀龙头企业。2006年实现产值12亿元，上缴税金1.67亿元，产品被评为“中国名牌产品”，并以企业标准为蓝本参与制订了第一个油制辣椒全国标准。2007年实现产值13亿元，上缴税金1.8亿元，“陶华碧‘老干妈’”被评为“中国驰名商标”。2008年实现产值18.8亿元，上缴税金2.1亿元。

早在成立之初，看到贵州省的经济，特别是贵州省农民的生活情况，我就定下了将利用地方资源优势和传统工艺相结合，从而提高农产品附加值，提高农户收入，尽最大可能地对农业资源进行开发利用作为企业的经营发展之路。为带动更多的农民致富，“老干妈”公司大力扶持和扩大原材料种植基地。目前企业建立的原材料基地已达48万亩，并聘请专家对基地农户进行农作物种植技术指导，提高农作物质量和产量，在保证自身原材料品质的同时，加大力度帮助农户发展生产，与农户建立了“双赢”的基地建设运作机制。“老干妈”企业在多年的发展中，不仅自身取得了长足的发展，更为地方农业产业发展、农户致富增收和解决就业等方面做出了积极的贡献。1997—2008年，“老干妈”公司解决了450万农户的农产品销路，仅2008年企业就消化了115万亩耕地农作物，带动农户120万人次。同时，在从事“老干妈”事业的近2000名员工当中，绝大部分来自农村剩余劳动力，这些农民工虽然文化较低，但是通过“老干妈”公司这一舞台，他们不仅实现了自己和家庭的脱贫致富，还每人年均创造产值90万元、创造税收10万元，在建设和繁荣农村经济的大舞台上最大限度地体现了其个人的价值。

2008年1月，通过新闻我获悉贵州省遭受50年来最为严重的特大凝冻灾害，“老干妈”公司各个基地受灾严重，原材料出现绝种绝收，纷纷告急。为保证企业正常生产的需要，同时为保障广大农户的利益最大化，我要求企业一方面紧急向各基地所在地加大原材料的收购量，适当提高收购价格，保护农民利益；另一方面积极投入原材料基地建设资金，和各基地共同商讨原材料异地育种、重建基地基础设施设备等补救措施。1月27日，面对此次突如其来的特大灾害，贵阳市委、市政府紧急号召各相关单位，为“抗凝冻、保民生”筹集救灾物资。此次灾害使我公司遭受了巨大的经济损失，据不完全统计，因灾导致企业全面停产，减少产值6400余万元，减少税收700余万元，绝大部分在建工程项目被迫停工。但就是在这样困难的情况下，我不顾企业自身受到的严重经济损失，依然积极响应贵阳市委、市政府的号召，通过贵阳市民政局向社会捐赠现金100万元。

公司能有今天如此辉煌的成就，是全体“老干妈”企业员工秉承“诚信为本，务实进取”的精神，一步步发展开拓的结果；更是依靠了党的好政策，是各级党委、政府殷切关心的结果。目前，“老干妈”企业已经拥有职工两千名，除贵阳南明“老干妈”风味食品有限责任公司外，还包括分布在全国各大、中城市的“老干妈”企业产品的营销队伍。这些员工全部来自于国有企业的下岗职工、复转军人、社会待业人员和农村富余劳动力，他们在公司的关怀下，许多人都相继走上了管理岗位。随着企业的不断发展壮大，今后还将招聘更多的复转军人和下岗人员，我们将带领全体“老干妈”员工，努力把企业建设成为一个集团化、现代化的大型企业，用实际行动回报各级党委、政府的厚爱。

几年来，我积极倡导和参与各类社会公益活动和光彩工程建设。继1998年向灾区人民捐款数万元后，企业近年来还向贫困地区出资出物，为“茅改房”、“村村通”等社会光彩事业做出了积极贡献；同时还积极出资协办市政形象建设活动，支持文化建设和文化普及工作，对军营捐赠图书、同一首歌走进林城、电视剧《息锋集中营》的拍摄、2000年中国贵阳围棋节、龙舟赛、贵阳市保护两湖一库工程、“抗凝冻、保民生”工作、抗震救灾等都给予了大力的资助，几年来已累计向社会捐款数百万元，其中仅对2008年发生在贵州和四川的自然灾害，就捐助资金和物资近150万元。

从这篇简短的报告中可以看出，李贵山对于母亲的创业史给予了高度的评价，并为母亲对社会所做的贡献感到深深的自豪。这些都是陶华碧在生活中给予孩子们潜移默化的影响，让他们懂得感恩，懂得主动承担自己的责任。

·2·
家族企业不是真正的企业

一般情况下，一个人历尽艰苦创办了自己的公司，并且取得了一些成就，那么这便不只是一个人的荣耀，而是一个家族的荣耀。陶华碧的生意做大了，自然是儿子来接班。这是最普遍的思维。

当时，她的大儿子确实来公司做了管理，并成为第一任总经理，但并没有一直管理下去。至于离职的原因，至今还是一个谜。

当时陶华碧对外称，我并不提倡家族企业，因为一个公司要长久的做下去，必须要用能人，用贤人，而不是任人唯亲。

实际上，很多企业都存在家族式管理，父亲的公司儿子自然而然地接任，或者亲戚的孩子进来工作，给安排一个闲职，挂名或者是有实际职位。对于创业者来说，家族式管理其实存在着非常多的缺点。

家族式企业的缺点和弊端是显而易见的。

首先，家族式企业的组织机制存在障碍。随着家族企业的成长，其内部会形成各类利益集团，由于夹杂复杂的感情关系，领导者在处理利益关系时会处于更复杂甚至是两难的境地。企业领导人的亲属和家人违反制度时，管理者很难像处理普通员工那样一视同仁，这给企业内部管理埋下了相当大的隐患。

陶华碧当初让儿子来管理公司，也并不是全部放权给他一个人，因为她同时还组建了一支忠诚、低调、勤劳肯干的管理团队，这样可以相互制约和相互监督，从而提高工作效率和管理质量。

其次，家族式企业还容易出现的一个问题就是，有人同甘，却没有人愿意共苦。这也算是一个很普遍的现象。尤其是初创企业，有些矛盾很快会被创业的热情所掩盖，但当一切开始走上正轨时，家族成员之间的矛盾便会显现出来。因对荣誉、金钱和权利的不同看法而导致的分歧将会成为阻碍亲情的重大屏障，甚至亲兄弟之间、父子之间都可能出现反目现象。这实在是非常糟糕的、大家都不愿意看到的结局。“老干妈”早就料到会有这样的现象发生，所以她即使任命了自己的儿子，仍然还是组建了一支优秀的管理团队来打理公司的事务。

再次，家族式企业还有另一个严重的弊端，那就是容易对外来资源产生排斥。家族成员之间有很强的黏性，对外来的工作人员则难以表现出亲近和信任。外来者几乎很难得到股权和管理层职位等关键性的资源，所以他们的心态也往往是打工者，始终以赚钱为目的，很少会真正为企业考虑什么，只要做好自己手头的事情就好，这样做的结果也是他们始终难以融入组织和企业的灵魂中。在这过程中，企业也没有吸收到真正有才华的外部人才，企业更高层次的发展也会多少受到限制。

新希望集团总裁刘永行曾说：“家族企业最大的弊病就在于社会精英进不来。几兄弟都在企业的最高位置，外面有才能的人进不来，而且一家人的思维方式多少有些类似，没有一个突破点。大家各有各的想法，要决策某件事就很难，容易耽误商机。”

这段话深刻而简明地点出了家族式企业存在的明显弊端。

家族式管理过分重视人情，忽视制度建设和管理。这种管理模式使企业内部人际关系融洽，为企业带来和谐的利益，但企业不是家庭而是一个社会经济组织，其成员的个人目标和利益与企业的目标和利益存在一定的差异和冲突，特别是没有血缘关系的员工之间以及员工与管理者及亲属或亲信之间的利益关系的调整，必须有一个客观公正的标准，用统一的制度和纪律来约束全体成员的行为，才能形成客观公正的管理机制和良好的组织秩序。

家族式管理任人唯亲现象严重。他们在处理人际关系时按亲疏远近而非因才适用，因此在组织内产生“自己人”和“外人”的差别，造成“打仗亲兄弟，上阵父子兵”的家族主义氛围。外人为生存也就趋炎附势，拉帮结派，形成“你群”和“我群”的派系。有时为保护 “外人”的利益他们会团结起来与管理者或“自己人”抗争，造成企业内讧。因此家族式管理要么凝聚力很强、人际关系融洽，要么内部四分五裂、派系纷争。

正是有如此多的弊端，陶华碧才坚持不做家族式企业，而是要任人唯贤，只用人才，不用亲人。

这一点上，我们不得不佩服“老干妈”，直到现在，她自己都还常常在一线工作，并亲自参与财务管理等各项细节工作。

·3·

“老干妈”成了海外餐桌上的“奢侈品”

前进的道路总是曲折的。贵阳“老干妈”品牌在全国打响之后，湖南“老干妈”、重庆“老干妈”也相继登场叫板，一时间，全国各地竟先后冒出30多家“老干妈”，真假“美猴王”把国内辣椒制品市场搅得昏天黑地，严重影响了贵阳“老干妈”正牌产品的销售。“老干妈”不气馁，一直坚持到底，最终赢得了这场品牌保卫战的胜利。

在政府及有关部门的关心、帮助和大力支持下，“老干妈”适时地抓住了发展机遇，内抓管理，外拓市场，不断完善基础设施建设和加大技术改造力度，促使公司的综合生产经营能力得到大幅提高。在产品供不应求的情况下，“老干妈”公司在保持产量稳步提升的情况下开拓进取，在立足国内市场的同时，积极拓展国际市场。2000年，国家外经贸部赋予了“老干妈”自营进出口权，为“老干妈”系列产品冲出国门、走向世界提供了优厚的条件。富有贵阳特色的“老干妈”系列辣椒产品，红遍全国大江南北，并远销欧盟、美国、澳大利亚、新西兰、日本、韩国、南非等50多个国家和地区。正如博鳌亚洲论坛秘书长龙永图所说："在世界各地，只要有华人的地方，就有贵阳'老干妈'。"

陶华碧说："没有党和政府对企业的关心、帮助和支持，就没有我'老干妈'今天的一切，衷心感谢党、感谢政府。我和全体员工只有倍加努力，一手抓改革，一手抓发展，将企业搞得更好，才能对得起党和政府。"

企业的国际化已成不可阻挡的潮流。但同时，它又是一柄双刃剑。国际市场的竞争从来都是艰难的博弈。中国的传统酱类调味品市场要摆脱持续低层次竞争局面，就必须"走出去"与高手过招。显然，"老干妈"是国内为数不多的具备"与狼共舞"实力的企业。

"老干妈"做大了，就多少会有一些负面新闻找上她。

2015年2月6日，网络爆出"老干妈"不用贵州辣椒，而使用价低质次的外地辣椒。掌门人陶华碧作为人大代表参会期间，就此事回应了记者。她称贵州辣椒与杂交品种相比，产量低，抗病性不强，品种退化，种植成本高收益低，因而被边缘化。

事实上，"老干妈"企业帮助过本土企业数万辣椒种植户脱贫致富，后来确实因为辣椒种植收益的问题，不得已采用外地辣椒。

在生意场上，"老干妈"陶华碧说："我不怕别人说什么，我就是要做一个对得起良心的企业。"从中我们也看得出她的诚意。

在最初成立"老干妈"公司的那几年里，"老干妈"的销量达到了惊人的数量，每天以130万瓶的销售量成为民营企业里为数不多的佼佼者。

“老干妈”不做全面铺设，她从本地出发，先成为本地知名的品牌，再考虑向外推销。最终如愿，“老干妈”在贵州成了家喻户晓的辣椒品牌，在全国也拥有了极高的知名度。

不止国内要拥有人气，一瓶“老干妈”麻辣酱还要卖到国外去，要赚外国人的钱。

在美国超市，一瓶“老干妈”风味豆豉要卖到20多块钱，是国内的一倍多，陶华碧说：“我不赚自己人的钱，我要赚外国人的钱。”

可能陶华碧自己也没有想到，自己的麻辣酱会卖到国际上去，但随着自己一天天的努力，从未想过的事竟然成了现实。

从本土出发，走向了国际，“老干妈”完成了人生的成长蜕变，也实现了一个看似不可能实现的理想。

美国亚马逊网站“老干妈”销售页面，有几十条美国网友的评论，大家交流着各自的“吃后感”，不少人称“老干妈”辣酱为“史上最好吃的辣酱”。

波特兰的网友G.Day说，自己吃了50年辣酱，绝对是个辣酱发烧友，但他觉得从来没有一种辣酱能比得上“老干妈”。

消费者乔安娜也给了“老干妈”一个五星级好评：“在美国不太容易买到正宗的中国辣酱，‘老干妈’是我的最爱。”她说，“我给我周围的朋友推荐，告诉他们这可不是墨西哥辣酱那样的酱，这酱非同凡响。”

美国奢侈品闪购电商Gilt更是将“老干妈”誉为“全球顶级的辣酱”，并称其为“教母”。

在人们普遍爱吃辣的韩国，“老干妈”的口味更加受欢迎。一名首尔的网友在推特上讲述自己曾经吃过一种类似韩国豆豉但比韩国豆豉更好吃的中国辣酱后久久不能忘怀的经历，然后向朋友们询问是否有人知道这种辣酱的名字以及售卖地点。

这条推文立即引来100多条评论，有人表示好奇，有人跟他一样“同问”，有人表达对这种辣酱炙热的喜爱，当然也有人告诉他“这个辣酱的名字是‘老干妈’，南大门附近的中国超市有卖”。

在日本，虽然大多数人喜欢清淡偏甜的口味，但是“老干妈”依旧魅力难挡。一家超市的工作人员说，在日本受到绝对欢迎的要数“风味豆豉”口味。一名很喜欢吃“老干妈”的日本人说，“老干妈”里面的发酵大豆——豆豉与日本人喜欢的纳豆有些相似，而且豆豉稍微减轻了辣味，制作干拌担担面很方便。

有网友发微博称：“在韩国的亲！你的女神来韩国啦！‘老干妈’韩国各大homeplus有售，3800韩币一瓶，约合21元。”此微博一时成为热门话题，引发了众网友转发和热议，不少网友在评论中强烈建议“老干妈”赶紧申遗。

以下是部分网友对“老干妈”麻辣酱系列的评论：

“@牧马舟：完蛋了！我们以后就要永远地失去‘老干妈’了！中国的‘老干妈’要赶紧申遗，要不然又成为韩国的囊中之物了！”

“@紫贝卡TuT：女神不愧是高端大气上档次！进军韩国市场让韩国华人们也能随时尝到家的味道，只是请韩国不要抢走我们的女神，‘老干妈’是中国的。”

“@果鹿亭：‘老干妈’国际范儿，‘老干妈’走向全球，‘老干妈’是奢侈品。就是怕过几年韩国把‘老干妈’进口到中国，说是韩国思密达！说是他们自己发明的！赶紧申遗吧！”

“@尒蟲忄馬：上次‘老干妈’进军美国，全国人民很开心。这次进军韩国，大家都来不及开心，就在伤感了，女神‘老干妈’，强烈建议尽快申遗。”

另外，也有不少网友表示，我们的国民名牌“老干妈”进入国际市场，相信也能给留学、工作在外的华人带来不少家乡的味道。

“老干妈”矢志不渝、历经10年开拓海外市场取得巨大成功，是贵州省民营企业走出国门闯市场的一个成功范本。

“老干妈”辣椒酱产品不仅在国内站稳了脚根，还远渡重洋销售到海外，自1999年第一瓶辣椒酱在香港登陆起，“老干妈”对海外市场的开拓已经历10年风雨。

在贵阳“老干妈”公司，主管出口业务的海外事业部，办公室内电话铃声此起彼伏，德国客户的订单电话、日本客商询问发货的电话……工作人员一边接电话，一边还忙着制作外语标签。

多年来，“老干妈”从当初向香港、台湾地区和日本等国的试销拓展到如今已经拥有多达50多个国家的海外市场，其间遇到了诸多困难，复杂严苛的食品出口程序、海外市场的品牌侵权案等问题无一不考验着企业外向拓展的能力。虽然国外市场任何一个国家的销售份额都比不过国内随便一个省的销售份额，而且销售成本、风险都远高于国内，考虑到海外留学生和华人华侨市场以及企业的长远发展，“老干妈”选择了坚持。

据“老干妈”公司海外事业部的工作人员透露，一般只要有海外订单，公司都会先优先生产出口产品。

在金融危机影响下，海外市场的消费水平降低，同时，自2007年以来，中国频发食品安全事件，使国内监管部门增加了相应的监管程序，这对“老干妈”出口销售量和出口效率都有一定影响。

面对国际市场的严峻形势，“老干妈”通过对海外市场大量的调研工作，及时对国际市场的经营策略进行了调整。

“老干妈”以往的销售方式主要采用传统外贸出口方式，对外贸公司倚重较大，市场销售也处于自然销售状态，造成公司海外市场的开拓处于被动状态，无法有效掌控市场。

调整战略后，“老干妈”采取了直接在海外市场设授权代理商的方式，在经过对代理商公司实力和各项能力的考察后，选定各国家地区代理商并签订严格的代理协议，同时实施代理保证金制度，制定了严格的月度考核制度、市场拓展月报制度、质量跟踪制度等，极大地加强了公司与海外市场的沟通、协调，以及对海外市场各个环节信息的全面了解，使公司能够不断修正和调整市场拓展计划，及时制订切合实际的市场营销方案。

这种全新的海外市场销售制度，使“老干妈”与海外客户直接对接，购货方集中，同时代理商也获得了产品质量和销售市场的保障，形成了双赢局面。

调整国际市场经营策略的同时，“老干妈”还加大了其他工作力度。把食品安全防范作为重点来抓，进行自动化改造，先后在都匀、绥阳建立辣椒出口种植基地，所有出口产品均使用大豆油，其他原材料则对供应商的资质进行严格的审查、备案。对包装材料进行严格检验。进一步完善进入欧美发达国家的市场准入备案，包括美国FDA备案、日本厚生省年检、韩国卫生部门产品检测等，对发现的问题及时改进，保证了出口产品在各个国家通关、销售等方面的顺畅性和安全性。

通过以上各种策略的调整，2009年1月至9月完成海外销售额约1500万人民币，创外汇约40万美元。之后，“老干妈”便开始着手拓宽东南亚市场，打开非洲市场。

陶华碧“老干妈”牌油制辣椒是贵州的风味食品。20多年来，一直沿用传统工艺精心酿造，具有优雅细腻、香辣突出、回味悠长等特点，是居家必备、馈赠亲友之良品。2012年7月，美国奢侈品电商Gilt把“老干妈”奉为尊贵调味品，限时抢购价11.95美元两瓶（约人民币36.3元一瓶）。美国“老干妈”绝对算得上是“来自中国的进口奢侈品”。

Gilt上“老干妈”的网页是真的，20刀两瓶被老美抢购一空了。编辑的点评是：“有成熟凤梨和腌渍鱼干的芳香，豆子酥脆而浑厚，余味是种干净的温暖，与猪肉或白饭搭配尤其惊艳。”

“老干妈”在中国只是超市里非常普通的酱料。然而，在这家时尚折扣店里，“老干妈”辣椒酱却在食材推荐的类别中占据了一席之地，购买者除了需要为身价不菲价格将近12美元的它买单外，还需另外支付运费。

“老干妈”陶华碧针对国外“老干妈”辣酱价格高的问题，她说：“我赚外国人钱呢！”

“老干妈”“豪言”一出，有人向她致敬，喊她“亲妈”；也有人不服气，认为“老干妈”在国外卖得贵“误伤”的是华人——“海归”网友的一句“你不知道赚的尽是留学生的钱”道尽心酸，成了微博上的热门评论。

那么外国人吃“老干妈”吗？

在社交网站脸谱上，有一个“老干妈”爱好者主页，由Simon Stahil成立。世界各地的“老干妈”粉丝交流最多的一个问题就是：上哪儿能买到“老干妈”？很多网友直呼，请告诉我哪个网站能买到“老干妈”？加拿大的华人超市我找遍了，都没有！帮帮我。在社交网站推特，也有一大批“老干妈”的忠实粉丝，不断贴出一些出人意料的搭配。

先来看看忠实粉丝们是如何吃“老干妈”的：

Michael Boyce：“老干妈”搭配饺子、肉、蔬菜、豆腐……百搭！

David Gagnon: 凯撒+鸡块+“老干妈”辣酱=超级美味！

Jen Haskell：假如你只让我用一种酱料做饭，我会选“老干妈”。

Nick Lightbody：世上最具业界良心的辣椒酱广告是啥？——“老干妈”辣酱很美味。

Simon Stahli：在韩国的一档美食节目中，“老干妈”获评“最佳剩菜伴侣”！

Magnus Grendel Samson Coleman：我最爱在吃汉堡和沙丁鱼时吃“老干妈”。

Amy Sui：“老干妈”配火鸡怎么样？好吃！

Nancy William：“老干妈”搭配土豆泥最好了。

Ben Whitehead：以前我吃“老干妈”上瘾，一个星期能干掉一瓶。搭配炒鸡蛋什么的最好了。

rexarski：“老干妈”配面包也是极好的。

那么，在国外，“老干妈”到底贵不贵?

有媒体报道，售价在国外变成了奢侈品，由原本北美华人超市中的2美元涨到近12美元。其实，到底贵不贵，要看你怎么买了。2015年年初，麻辣调味料专业网站themalaproject.com报道，在美国，很多华人超市都出售“老干妈”，每瓶售价约为2美金，当地人普遍认为价廉物美。

美国网友在社交网站上报料，在曼哈顿等地的唐人街，小瓶装的“老干妈”售价为1.99美金，大瓶装的售价为2.99美金。

但是，网购的话就有点贵了，比如在奢侈品折扣网站Gilt上出售时，价格是6美金包邮，目前已下线。在亚马逊网站，“老干妈”的价格也小贵。

也有网友报料，“老干妈”在韩国的超市里也有售，价格为3800韩元（21元人民币）。

“美国iphone在当地卖得便宜，但在中国贵。同样，‘老干妈’在我们贵州几块钱一瓶，在美国卖20多，作为贵州人，我很骄傲。”一位贵州网友在亚马逊网站如此留言。

网上都说，“老干妈”辣椒酱在国外是土豪金，那么“老干妈”陶华碧怎么看呢?

“你说‘老干妈’卖到多少个国家？我也不晓得卖到了多少个国家，我只能告诉你，全世界有华人的地方就有‘老干妈’。”陶华碧豪气地回答。

不可否认，中国出产的“老干妈”牌辣酱堪称我们吃过的最滋味丰富、最可口的辣酱。说真的，别被瓶罐上满脸皱纹的妇人图片所误导！

深炸过的焦黄色辣椒、大蒜、洋葱，拌之以大豆和花生，这一切使这种辣酱具有无与伦比的味觉层次感和口感，再加上一点四川花椒，绝对是美味享受。

亚马逊买家MzZavala：这是一种既危险又具吸引力的味道，我警告过你了哦！我想要找到和我在四川餐馆里品尝过的味道相似的滋味。我无意间在网上看到这种辣酱，就买了两罐。我的选择没有错。里面有小粒的花生，又脆又好吃。那种辣味有热度而且柔和……

亚马逊买家hot sauce addict：我已经尝过了20多种辣酱，这是目前为止我最喜欢的一种。亚马逊网站称它“滋味丰富”——我非常赞同。在这种辣酱里，辣油、大豆、辣椒末和花生绝妙的融为一体。辣度也十分恰当——不是中南美洲辣椒夏宾奴那种火烧火燎、久久不绝的辣，而更像是一种温暖的、柔和的、有热度的辣。

亚马逊某纽约买家：我对它爱不释口，可以直接从罐子里舀着吃。

2015年3月初，美国《洛杉矶时报》邀请了2位名厨和1名美食评论家盲选辣酱，最终“老干妈”辣酱杀出重围，获评最佳辣酱。

“老干妈”不局限于狭小的个人认知里，而是适时适度地将产品推向国际，让“老干妈”成为在国际上也能站住脚跟的本土品牌。

·4·
零售商眼里的“老干妈”

陶华碧丈夫早逝，还带着两个孩子四处打工，压根没经济实力；她做的是麻辣酱，属于传统产业，发展前景并不明朗；她没有上过学，更谈不上读大学甚至“留洋”。而她却创造了非凡的业绩。18年时间，一瓶小小的麻辣酱，漂洋过海，北美、欧洲、东南亚、日本、韩国……随处可见。不打广告的“老干妈”，近乎是神一样的存在。

这样的“老干妈”值得我们去探索她的成功之路。

“老干妈”的零售客户丁先生如是说：“我认为都是做生意的，不管是大生意还是小生意道理都是相通的，就是良好的口碑可以胜过广告，我们从没在电视或者网站上看到‘老干妈’打过广告，但却比一些广告满天飞的品牌卖得好。原因是什么？无非有两点：一点是优秀的品质。要想赢得良好的口碑，还能让消费者主动地口口相传，品质是其中关键的一环。就好比是做人一样，提起某个人，大家都会说，那人不错。而提起另一个人，会说那人品行很差。这就造成了口碑的传播。口碑传播，一是靠自身的体验，一是靠别人的宣传。另一点是公道的价格。‘老干妈’的包装很土，不依靠豪华的包装来提高身份，有一种‘肉埋在碗底’的实在感。而在消费者的眼里，包装便宜，那就意味着消费者花钱买到的实惠更多。”

“良好的口碑从哪里来，这需要我们做实实在在的商品，不要和消费者扯皮，更不能在原材料上偷工减料。”

“当地一家副食品企业和我合作了十几年，每年的月饼我只销售他一家的，一方面出于对企业的信任，一方面也没有太多的精力去开发其他品牌的市场。而该品牌月饼在我十几年的推介下，在当地也算是小有名气。今年中秋节前，我照例和企业签下了销售协议，作为打了几十年交道的老客户，我又只销售其一家的月饼，政策应该给予倾斜才对，但厂家却说订货压力很大，只给了我往年2/3的货。”

“月饼刚卖两天，就有消费者上门反映，一是月饼甜味太大，估计是里面掺了‘糖精’；二是月饼和以往相比又薄又小，不实在。”

“开始时，我还不相信，但是几位老顾客都反映存在此问题，在我亲自检查之后还真如顾客反映的那样。于是，我把月饼全部退还给了厂家。开始时，厂家很高兴：稀缺货嘛，不愁没销路。临近中秋前几天，正是月饼销售的高峰期，而我家却一块月饼都没有。许多老顾客都知道我这儿专销该品牌的月饼，但看到我家今年却并没有销售，而且还没有其他品牌的月饼上柜，就知道其中肯定有原因。”

“世上没有不透风的墙，通过消费者的口口相传（反宣传），该款月饼的销售量直线下降，最后造成了很大的库存积压。可以说，虽然我今年没有销售月饼损失了不少，但该厂家眼光只盯着赚钱而不顾及消费者的感受，才是最大的失败者。”

“事后，虽然厂家的负责人上门赔礼道歉，并且也做了很多的承诺，但我再也没有和他们合作的兴趣，信誉就是生命，不仅对于企业，对于零售商同样如此。”

如何赢得良好的口碑？诚信非常重要，要做到老不哄，少不欺，规规矩矩做人，踏踏实实行事，把信誉当成是零售卖场生存和发展的生命，时刻检验自己，才能有所成就。

“老干妈”零售客户李若溪如是说：“对零售卖场来讲，产品是什么？可以说涵盖的内涵很广，可以说是商品，可以说是服务，还可以说是零售商家这个人。做人行事要诚实，才能给产品赋予更大的魅力，如何做到诚实呢，我认为要从以下几个方面来进行。”

“一是不能偷工减料。偷工减料是商家的大忌，我们许多商家在产品刚刚面市时，质量会做得很棒，给消费者留下深刻的印象，但一旦被消费者认可，市场打开局面，就慢慢地降低了商品的质量，这看似节约了成本，增加了利润，但却无异于慢性自杀，最后的结果只能是害了自己。”

“我家超市对面有一冷菜摊点，老头看着很老实，他们做的凉拌干丝很有味、很爽口，他家的凉拌干丝一般很早就卖完了，有时因为生意忙，去的迟一点就没货了。所以，每次想吃，刚看到老头出摊，就忙着跑过去预订。老头的生意红火了有大半年。一次，爱人去买这款凉菜回来，我一看，里面最重要的配料虾米没了，我说怎么这东西没有了呢？爱人说，这只是配料，你没看到干海米现在都涨到百把块一斤了，人家能不考虑成本嘛。少了这款配料，干丝一下子就没有那个特殊的味道了，咱口味一时还真没适应过来，于是买的渐渐就少了。也许大家和我同样的心情吧，几个月过后，这个摊点消失了。”

“产品是最好的广告，有的是正面的广告，赢来良好的口碑；有的是负面的。不管质量好坏，产品自己都能讲话，好商品讲好话，差商品讲坏话。”

“二是不能短斤少两。我经常去一家早点店吃早点，一次，看到常吃的油条‘瘦’了一圈儿，过一段时间，又‘瘦’了一圈儿。于是，就和开店的大姐开玩笑说，你家油条天天跳操吧，你越来越壮，油条却越来越苗条了。早点店的大姐发牢骚道，现在物价飞涨，成本加大，咱又不能加价，只能让油条不断‘瘦身’了。原来两根油条咱就能吃饱，现在三根才能把早饭给打发掉。后来，因为路远，又不合算，就不去了。”

“在日常生活中，我把自己总结的经验都运用到经营上，我认为，一方面产品质量是无声的广告，另一方面在斤两上不能让顾客吃亏。我家的糖果都是散装的，称好后需要包装的咱包装，不需要包装的就用塑料袋装好。每次称完以后，我都会有意无意地抓上一小把放在称好的袋子里面，就这样不经意地‘添一把’，引来了不少的回头客。”

“三是不能欺骗顾客。商品会说话，也是无声的广告，好时说好话，赢得顾客信任，坏时说坏话，让顾客反感，是一锤子买卖。有的零售客户为了实现商品销售，把商品夸得像朵花儿一样，反正不管顾客怎么需求，这都是顾客所需要的。其实，不管什么商品，都有一定的适用范围，有一定的局限性，不可能是‘包治百病’的‘灵丹妙药’，对顾客进行欺骗的行为，会降低商品的‘身价’，不仅毁了商品，也毁了自己的经营声誉。”

“老干妈”零售客户庄恒明如是说：

“如何保障消费者的利益？我认为，产品的质量就是产品的生命力。有的零售商家对产品质量不以为意，认为那是生产厂家的事情，和销售者没有关系。那么，我们反过来思考一下，如果你的店里只销售这一款商品，那么经过试用的顾客，他们下次还能来购买吗？肯定不会。他们不仅自己不会来，还会动员身边其他的亲朋好友抵制这款商品。”

“那么，这样的结果，你说是厂家的事情，还是商家的事情呢？受到损失的不仅是厂家，还有商家，这就是唇亡齿寒的道理。”

“所以，产品广告亦是商家的广告，正面的传播不仅对于厂家，对于商家同样有促进作用。因此，商家要参与到厂家商品的研发中去。有这样一则故事可以和大家分享一下：第二次世界大战中期，美国生产的降落伞的安全性能不够，虽然在厂商的努力下，合格率已经提升到99.9%，但还差一点点。军方要求产品的合格率必须达到100%。可是厂商不以为意，他们强调，任何产品都不可能达到绝对100%的合格，除非出现奇迹。但是，降落伞99.9%的合格率，就意味着每一千个跳伞的人中有一个人会送命。后来，军方改变了检查质量的方法，决定从厂商前一周交货的降落伞中随机挑出一个，让厂商负责人背着这个伞，亲自从飞机上跳下。这个方法实施后，奇迹出现了，不合格率立刻变成了0！”

“是不是消费者太挑剔了？人命关天，不挑剔不行。我们向零售客户销售的商品涵盖了消费者的衣食住行，使用、食用安全，也是件不可忽视的事情，若发生安全事故，谁都脱不了干系。那么，作为经营者，我们对厂家也要严要求，这个‘严’字，是对他们负责的一种态度。如果顾客不挑剔，他们可能会选择另一种同类商品，会造成顾客流失，当然也谈不上对产品的忠诚度了。产品质量不过关，是忠诚度最大的杀手，这是任何一个厂家都不想看到的结果。”

“在现实工作中我们经常会有这样的感叹：现在的顾客越来越挑剔了！有时提出的一些要求，在企业看来简直有些过分。其实，应该说顾客提出的任何要求都是合理的，如果我们不理解或认为不合理，那是因为我们没有处在顾客的位置上。每个企业对自己的产品或服务的质量，都会有自我评价，可对于存在的缺陷和问题，应该说顾客最具有发言权，因为顾客是产品的使用者，是服务的享用者，他们对产品或服务的质量感受最深，顾客的期望和需求，是促进企业发展，推动企业前进的强大动力，对于企业最有意义。”

“一个好的产品自己也会说话，大家只要看看顾客在消费过程中交流的内容就可以知道了，好的口碑传播比广告更有效，广告抓知名度，口碑抓消费者的信任度。知名不行，信任才更重要。曾经红极一时的央视‘标王’秦池酒，大家再也熟悉不过了，已经成为一个经典的营销案例，知名度可能鲜有其他同类商品能够超越，结果如何？死得很惨！”

“老干妈”零售客户张春波如是说：

“产品本身不具备广告传播效应，只有经过消费者的体验之后，他们才能对产品进行直观地评价，才能进行良好的口碑传播。产品是最好的广告，其首要条件就是要赋予消费者体验的机会，不然，藏在深闺无人识，再好的产品也不会突出重围，获得顾客的认可。”

“‘蒙牛’现在可以说是家喻户晓，上至老人下到小孩，对这款商品再熟悉不过。但是，刚开始打入市场的时候，从大商超到小百货店，鲜有人去销售这款产品。一方面同类的产品太多，强势产品也不少，竞争很激烈；另一方面‘蒙牛’是市场的‘新兵蛋子’，大家对产品质量并不了解。但‘蒙牛’采取直接和消费者零距离的办法让消费者亲身去体验。”

“消费者最有发言权，他们在试喝之后，感觉到这款商品和其他品牌真的有所区别，浓香醇厚，质量非同一般。所以，大家也开始试着去购买‘蒙牛’。所以说，‘蒙牛’最早是在小超市、社区店铺货，然后才进入大卖场的。”

“但是，如果这款商品刚开始时就摆在大卖场销售，每天放着‘天然牧场、与众不同’的广告，讲得再多，消费者也体验不到，还有一种自卖自夸的嫌疑，效果当然也会大打折扣，因为消费者很难体验到这种与众不同的感受。但是，‘蒙牛’之所以获得消费者青睐的关键是产品的质量，产品是最好的广告也得以体现。”

因此，零售店要想提升美誉——商家的、产品的，让顾客体验可以说是其中最重要的一环。

随着市场越来越成熟，商品的同质化也越来越严重，如何让顾客知道你的商品与众不同，是他们真正所需要的呢？光说没用，还要让顾客参与其中。许多时候，并不是顾客挑剔，而是他们对你的商品不了解、不熟悉。谁都不想当冤大头，买一款自己都不知道起什么作用的商品回家，也就是说，你要让他们有信服的理由和购买的理由。

因此，让顾客参与到商家设计的场景与环境中来，非常重要。这样除了增加消费者对产品的感知，还能在顾客体验中进行良好的口碑传播，发挥出产品是最好的广告功能。体验营销让顾客和产品进行亲密接触过后，使他们对产品产生一种亲近感，这种亲近感不是广告或其他媒介所能够达到的。

零售卖场，让产品成为最好的广告要满足几个方面的因素：一是商品的口碑如何；二是商家是否实事求是，不浮夸；三是商品质量是否有保证，质量是产品的生命，任何广告都无法替代；四是要让顾客亲自体验到好处到底在哪里。满足了这些因素后，产品就能赢得消费者的芳心。但还要记住两个关键点：质量一如既往；产品不断创新。

零售是一个企业必须要走的一条路，可以说，做好了零售，就等于让自己的口碑营销做到了极致。

从“老干妈”零售商口中可以看到，大家追求的是一种平等诚信的合作过程，而“老干妈”正好拥有这些品质，并能在和代理商、合作的生意场上，为自己积攒了人脉和财富。

·5·
产品链带动周边经济

“小辣椒做成大产业，默默闷声发大财。”也许这样评述“老干妈”陶华碧的成功有点“俗气”，不过不少人看到“老干妈”的“致富”之路后就是这样想的。“老干妈”的成功，得益于陶华碧的诚信至上、产品安全的经营理念，以及渠道稳固、品牌价值逐步积累的“勤劳过程”，最朴实也最珍贵。

说到陶华碧，可能很多人感觉很陌生，可是说起“老干妈”，可能任何人都会插上一句“我吃过”。

陶华碧出生时由于家里贫穷，从小到大没读过一天书。1989年她开了个简陋的餐厅，取名“实惠餐厅”，并特地制作了麻辣酱，专门用来拌凉粉，由于麻辣酱的缘故，生意十分兴隆。

生意越来越火，龙洞堡街道办事处和贵阳南明区工商局的干部开始游说陶华碧，放弃餐馆经营，办厂专门生产辣椒酱，但被陶华碧干脆地拒绝了。陶华碧的理由很简单："如果小店关了，那这些穷学生到哪里去吃饭。""每次我们谈到这个话题的时候，她都是这样说，让人根本接不下去话，而且每次都哭得一塌糊涂"，时任龙洞堡街道办事处副主任的廖正林回忆当时的情景说。

"老干妈"非常热心，对于那些来吃饭的穷学生总是加量或者不收钱，学生们爱戴地称她为"老干妈"。

正是这样一个爱己及人的"老干妈"，在之后的发展中不断地将这些优秀品德发扬光大。

"老干妈"的发展壮大，不仅企业自身不断取得飞速发展，同时也带动了一批上游产业的发展。据有关资料显示，"老干妈"如今至少带动了贵州几百万农民增收。

统计部门对"老干妈"企业有一组统计数据：1997年，该公司所需干辣椒、菜油、大豆3种主要原材料的采购量分别为170吨、1700吨、154吨，2005年的采购量分别为9490吨、27075吨、10200吨，其中干椒及菜油的使用量分别占贵州省当年干椒、菜油总产量的1/7和1/3。截至2005年的8年间，企业累计采购资金达12.5亿元，按贵州人均耕地面积0.07公顷的水平，公司解决了126.36万个农民的农产品销路，人均收入超过1000元。

贵州辣椒产业的崛起，对推动区域经济的发展起到了积极的作用，主要表现为：一是加快农村产业结构调整，增加农民收入，在贵州农村，许多农民形象地把辣椒种植比喻为"自己的银行"；二是带动了第三产业的发展，推动农村城镇化建设，因辣椒而闻名全国的遵义市虾子镇，已成为名副其实的"中国辣椒城"。贵阳市的百宜、青岩，遵义县的新舟、永乐，绥阳县的洋川、郑场等20多个乡镇辣椒集贸市场也在不断发展壮大，助推了当地小城镇建设的迅猛发展。

十年磨一剑，如今“老干妈”品牌已是家喻户晓。有人说，“老干妈”公司能够创造一个又一个的奇迹，除了企业自身的努力、地方政府的扶持外，还离不开质监部门在提高原材料质量、建立和完善质量管理及计量体系、实施名牌战略等方面给予企业的帮助和指导。

一个优秀的企业，在成就了本身之外，还应该将眼光投向更高远的地方，发展一个地区的经济，让周边的人都能实现脱贫致富的梦想。

“老干妈”公司新增一条生产线，和普通的生产线不同的是，这条新增的生产线从征地到安装落成，由贵阳市南明区政府全程负责，地方政府对一家企业如此扶持、厚爱，恐怕并不多见。

1998年至今，“老干妈”公司已累计向国家上缴税收4亿余元，2005年，该公司产值突破10亿元，仅纳税就1.4亿元。

“老干妈”是中国最好的纳税人，像这样诚实守信的企业，政府再怎么扶持都是应该的。

政府对“老干妈”企业的扶持，根本的目的在于全力打造“老干妈”这一辣椒调味品品牌，以推动整个贵州辣椒产业的发展。根据《中共贵州省委、省政府关于大力推进农业产业化经营的意见》，贵州省特别制定了《贵州省辣椒产业化经营规划》，在“十一五”规划中，贵州省也将辣椒产业的发展纳入了规划范畴。目前，全省已形成倾力推动以“老干妈”为龙头的辣椒产业群，带动当地农民增收致富，培育贵州省辣椒产业成为全国龙头的共识。

“老干妈”公司的不断壮大，也促进了贵州省辣椒加工业的发展。目前，贵州有大小辣椒调味品企业130多家，由此形成了一个良性产业链，不仅带动了农户种植辣椒、油菜籽等农作物的积极性，扩大了种植面，还带动了玻璃制品、纸箱、印刷等相关产业的发展，解决了大量农村富余劳动力的就业问题。

据悉，“老干妈”油辣椒制品在全国同类产品中占有约70%的市场份额，行销全球几十个国家。按照企业的远景规划，将力争在2020年达到100亿元的销售额，尽早打造“百亿级”企业，成为中国乃至世界辣椒行业的“领头羊”。

“老干妈”热心公益，挣钱了就向更多人伸出援助之手。当得知成立保护“两湖一库”基金会的消息后，“老干妈”公司慷慨解囊20万元。2008年初，贵阳遭受了历史罕见的凝冻灾害，在自己的企业也因灾受损严重的情况下，陶华碧毅然向全市灾后重建工作捐款100万元。

从捐资助学，到帮村扶贫；从献力抗洪抢险，到助推“两湖一库”保护，再到援手灾后重建，10多年来，“老干妈”公司累计向社会捐款达278万元。

“老干妈”的社会责任感，更体现在带动农业产业化发展、促进农民增产增收上。

“老干妈”经过多年的长足发展，为地方农业产业发展和农民增收致富作出了积极贡献。如今每日共需玻璃瓶超过130万只，有7家玻璃瓶生产厂家供货，其中省内占6家。特别令人可喜的是，“老干妈”企业的龙头效应有力推动了贵州辣椒产业的异军突起，形成了一个立足地方资源、带动农业产业化发展的良性产业链条，从而成为贵州省继酿酒、烟草业之后又一个极具发展潜力的支柱产业。作为“农业产业化经营国家重点龙头企业”的“老干妈”公司早在成立之初，就一直将提高农产品附加值，提高农户收入，尽最大可能对农业资源进行开发利用作为企业的经营发展之路。据统计，公司成立以来用于采购农作物原材料资金超过20亿元，每年采购干辣椒上万吨，“喝”下全省1/3的菜油，有力地带动和提高了农民的经济收入。同时，直接或间接创造了数万个就业岗位。在“老干妈”公司的2000多名员工中，绝大部分是来自农村的富余劳动力和国有企业的下岗职工。

“立千秋大业，创民族品牌。”在贵阳这块热土上，贵阳南明“老干妈”公司创造了一个农业产业化发展的奇迹，这是贵阳市非公有制经济发展史上的一个范例，在全国非公有制经济发展史上也写下了精彩的一页。

她的成功之道，更值得当今高学历的人们反思和借鉴。

第八章
“老干妈”的四个印象

陶华碧说，“老干妈”包装会一直使用下去，因为这是公司文化的符号和传承，更代表了“老干妈”不轻易改变的决心。

·1·
“老干妈”等于麻辣酱

“老干妈”公司如今已日产150万瓶辣酱，已成为中国最大的辣椒调味品专业生产加工企业。

由于“老干妈”的带动，目前贵州已是中国最大的辣椒生产基地省之一，种植面积已超过13万公顷，2005年时，干椒、鲜椒以及辣椒制品销售总收入已接近30亿元，相当于全省GDP的2%。同时，贵州的油辣椒制品以其显著的香辣特色在全国同类产品中占有70%的市场，2005年销售收入超过15亿元，“老干妈”、“凤辣子”等品牌辣椒调味品在市场中一路看好，其中“老干妈”的拳头产品“风味豆豉”更是在2001年就通过了美国FDA认证。

“老干妈”公司致力于辣椒调味品的生产加工，凭借独特的配方和工艺，企业快速发展，于2002—2004年连续3年荣登“中国私营企业纳税50强”，2005年被国家八个部委评为“农业产业化国家重点龙头企业”。

显然，“老干妈”已经成为一个极具特色的地方性名片。

2014年，贵州茅台、“老干妈”分别获封“叱咤全球的国家名片”、“实力雄厚的行业翘楚”、“2014品牌中国华谱奖”。

据媒体报道，泰康人寿、汉能控股、三一重工、燕京啤酒、“老干妈”成为“实力雄厚的行业翘楚”，中粮、中国节能、北汽集团、同仁堂、中国交建成为“成熟稳健的中国力量”。

“老干妈”、神奇集团、益佰制药、朗玛信息、中天城投等10家（个）本土名企、名品，荣膺“贵州民营企业杰出贡献品牌企业及产品”。

在这众多的评选中，总能看到“老干妈”的身影，论实力，“老干妈”一瓶不足10元，三一重工一台挖掘机动辄几十万元，也许两者不可同日而语，也不可相提并论，但若论影响力则又不分伯仲，足可一较高下。

独具特色的地方名片，让“老干妈”一跃成为“国民调味品”。

“老干妈”等于麻辣酱。这是人们对于“老干妈”的绝对印象，因为“老干妈”坚决不跨界，只做自己熟悉的领域，这才成就了麻辣酱王国。

在跨界风行的当下，“老干妈”坚守最初的那份真诚，又为品牌的价值增加了一份信用度。某种程度上来说，“老干妈”精神又是一种正能量。

“正能量”指的是一种健康乐观、积极向上的动力和情感。所有积极的、健康的、催人奋进的、给人力量的、充满希望的人和事，都可以被贴上“正能量”的标签。它已经上升为一个充满象征意义的符号。

正能量常常给予人希望，促使人不断追求，是能让生活变得圆满幸福的动力和感情。

人与人之间主要通过语言来进行沟通和交流。和不同的人交流，有不一样的感受。有的人给人希望和信心，让你有那种快乐向上的感觉，对生活充满信心，对未来充满无限希望。当一个人自身充满自信和快乐，那么带给他人的也是自信和快乐。陶华碧在公司里，几乎没有人看到过她沮丧和失落，她每天都笑呵呵地和人们打招呼，人们领略到的也是她的快乐。快乐可以传染，因为“老干妈”公司里每天都是积极健康的笑声。

我们每个人天生都带着正、负两种能量，让人心情愉悦的人传播的是正能量，但大多数人都在释放负能量，比如抱怨工作压力大、经济压力大，以及过多地指责、冷漠等等。负能量将身体的正能量全部耗尽，并且传播给周围的人，就像病毒的传播一样，也让周围人传染上，引得别人心情也不好，时间久了，会对自身造成相当大的伤害。而正能量则相反，它可以让人变得积极健康。

遵义市是贵州辣椒及菜油的主产区，也是“老干妈”公司和贵州各辣椒调味品企业的主要原料供应基地。从贵州省质量技术监督局了解到，该局先是在相邻的毕节地区建立金沙县油菜全国标准化示范区，再建立了遵义市绥阳县朝天椒全国标准化示范区，如今示范项目全部取得成功，并辐射两个地区的辣椒与油菜种植。2005年，贵阳市质量技术监督局在该市建立了5个农业标准化示范区，其中包括花溪、乌当区的优质辣椒。通过标准化的辣椒种植，为贵州各辣椒调味品企业所需优质原材料的提供奠定了坚实的基础。

2005年年初，贵阳市质量技术监督局在帮扶企业时发现，“老干妈”公司的计量体系不是十分完善，每瓶调味品多装了7-8克，按当时日产80万瓶计算，公司每年因此损失将近500万元。经过质监专业人员的指导，这一计量偏差得到了及时纠正，使企业避免了更大的损失。

从2002年至今，已有包括“老干妈”在内的4个辣椒调味品获得贵州省名牌产品称号，名牌效应不仅提高了企业效益，而且使企业的各项基础质量管理工作得到了完善。

贵州省相关部门负责人说：“通过地方政府、质量技监等有关部门以及企业的共同努力，把小辣椒做成大文章，这对于西部贫困落后地区的农民增收致富、建设社会主义新农村具有十分重要的现实意义。”

“老干妈”一家企业就拉动了当地多数相关农民致富奔小康，不得不说是正能量的传播者和践行者。

提起“老干妈”想到的就是麻辣酱，所以“老干妈”等于麻辣酱这个等式是成立的。

·2·

瓶型、头像、配方都是行业的标杆

“老干妈”的绝技来自民间，诚信来自民间。这难道不是中国民间的智慧和可贵的品质吗？把东西做好吃了，让人吃得放心，便胜过很多宣传。绝技加诚信，就这几个字。

“老干妈”如今已成市场的标杆，连其他对手企业都要常常拿“老干妈”来作对比，有些甚至将“老干妈”作为自己企业的目标。

那么“老干妈”是如何一步步成为麻辣酱行业的标杆的，我们来简要分析一下。

第一，专注。酸甜苦辣咸，“老干妈”专注辣。

专注研究辣酱近20年。虽然少有其他产品，直接减少了盈利能力，但专注给“老干妈”带来了认同和地位，其现在已经是辣酱的代名词了。凭借这点，先变得强大，然后朝着百年老店迈进。

之前有一个婆婆，叫阿香婆，产品是阿香婆香辣牛肉酱。后来产品链貌似太大了，什么味道都有，后来供应链、渠道、质量控制、管理等等可能跟不上了，也就不见了。

第二，一手交钱，一手交货。

“老干妈”的这个规矩极大地稳定了现金流，可控性提高很多，同时降低了账务上面的风险。“老干妈”的底气不是谁都有的，强大的销售网络使得这样的规则可以顺畅实行，毫无压力。这也是其他公司可望不可及的地方。

第三，优秀的渠道管理。渠道管理是指制造商为实现公司分销的目标而对现有渠道进行管理，以确保渠道成员间、公司和渠道成员间相互协调和通力合作的一切活动，其意义在于共同谋求最大化的长远利益。渠道管理分为：选择渠道成员、激励渠道、评估渠道、修改渠道决策、退出渠道。生产厂家可以对其分销渠道实行两种不同程度的控制，即绝对控制和低度控制。

“老干妈”不懂渠道管理的具体意义和实施方法，可她的“土”方法无一不印证了渠道管理运用的自如和独到。

从自己提着篮子外出兜售试销到如今百万经销商上门取货，这都是“老干妈”的渠道管理做得到位，快速打开市场，并合理运用渠道销售。

第四，最重要的一点，那就是质量。“老干妈”的麻辣酱质量相当过硬，从所有收来的辣椒都要剪蒂并经过质监部门的严格检验之后才能进入生产车间这一点就可以看出“老干妈”在质量要求上的硬标准。

那时，她租了城郊一个村委会的小院，生产辣椒酱，产品还是温热的，就被一辆一辆汽车拉走了。先款后货，商家要排队一两周，才拉得了货。“老干妈”擅长的是民间本味。她家八个姐妹，她最小，老家在贵州湄潭县的一个乡场，此乡场是一个有名的农村商业重镇。好学的她，尝百家味，讨众家技，做出一手好菜，尤其是调味品，更显其长。

“老干妈”还天生了一口好味觉。一次，厂里有人拿回一种调味品，说味道好，她尝了一下，说这不稀奇，还立即做出来让大家尝，竟然让大家分不清哪个是最初拿回来的那个。

“老干妈”的瓶子形状、头像类型以及配方都是行业内竞相模仿的对象，湖南的“老干妈”几乎全面采用“老干妈”的包装效果，足见“老干妈”在行业内的影响力。

大字不识一个的老太太，十余年，从一个小餐馆，将“老干妈”打造成妇孺皆知、有口皆碑并被竞相模仿的行业强势品牌，我们不禁想问：什么是强势品牌？“老干妈”的强势品牌是如何炼成的？

先来说说什么是强势品牌。

首先，专注。品牌强势与否，不在于你有多宽，而在于你有多深。

很多品牌都铺设了太多的品类，造成宽而不深的局面，最终被市场边缘化，直到被淡化，被踢出市场。只有深度才能做大做强。

其次，持续一致。品牌强势与否，不在于对产品包装和配方的坚守，而在于对品牌核心价值的坚守。

许多企业产品没有变，品牌没有变，但品牌的核心价值一日三变，消费者都弄不明白。曾经的南方高科手机，没有自己的核心能力，从1999年创立到2005年被查封，不到6年的时间里，品牌定位就没“消停”过，宣称一会是“科技”，一会是“时尚”，一会是“掌中激情”，一会是“彩图时代”。品牌自己对自己都不坚定，都没有信心，怎么能苛求消费者对你坚定、对你有信心？

再次，“老干妈”产品配方虽然有一定的独特性，但并非竟品无法达到、无法超越，而是“老干妈”一直坚守自己的“风味”、“香辣”特点，十余年不变，让品牌深深根植于消费者心中——从某种程度上，“老干妈”对“风味”、“香辣”始终如一的坚守甚至改变了中国消费者对辣椒的接受度和依存度，改变了一大部分人的口味。

最后，有所为有所不为。品牌强势与否，不在于你能覆盖多少品类，而在于你不能覆盖多少品类。

这是最好的时代，这是最坏的时代。这句话尤其适用于现在的中国。许多行业处于初级阶段、无数的行业和欧美相比还有很大的潜力、诸多的行业还待开发……当欧美市场死气沉沉之时，你会发现，此时的中国，机会遍地都是！同时，无数的企业相信自己的品牌可以强大到覆盖足够多的品类。

“老干妈”这样的企业在贵阳也是属于绝对明星级的企业，政府也多次期望它能融资、多元化——必然带着很多的优惠政策，可贵的是，“老干妈”在如此多的诱惑面前没有动摇，坚持自己的选择。用陶华碧的话说就是“我只晓得炒辣椒，我只干我会的”。所以“老干妈”没有做房地产、没有做新能源，“老干妈”品牌甚至也没有覆盖到果蔬罐头、豆瓣酱品类。

事实再一次证明，强势品牌的打造，并不是有多少捷径，有多少奇招妙想，往往是把朴素的事情做到位。“老干妈”的成长之路，是专注、坚守品牌定位、有所为有所不为的路，是抵御复杂的诱惑、发挥简单的力量的过程，这样才能成为行业的标杆。

·3·

吃饭拿出来，饭后拿下去

“老干妈”主打的始终是调味佐餐系列开胃菜，所以留给消费者的印象便是吃饭拿出来，饭后拿下去。这也成了消费者对待佐餐开胃菜的通常习惯。“老干妈”系列麻辣酱在培养用户习惯上形成了一个统一而专业的印象，使得人们在吃饭这件事上就会想起“老干妈”，无形中增加了用户的黏性。

总的来说，“老干妈”走的是日常调味品、拌饭料的道路，作为生活用品的定位，“老干妈”非常注重培养用户的使用习惯。

一个产品如果想要获得习惯性的客户支持，那就得多途径培养顾客的消费习惯。

很多创业者会抱怨，辛辛苦苦做出来的产品常常受不到客户的青睐。究其原因就是不能真正地了解客户，导致需求不准确。

所以，培养用户习惯的第一步就是深入地了解用户的需求。

所谓用户需求就是用户对产品真正的要求，如果不能深切理解客户的要求，就会发生需求偏差，导致最终的产品不能得到市场的认可，更不可能出现哄抢局面，所以了解用户需求是重中之重。

有了精准的市场分析，产品的受欢迎程度才会大大提升。

其次，要培养客户习惯还有一个重要方面就是用户对产品实用性的认定以及顾客对产品使用频率的确定。

要做到以上两点，我们先来阐述一下何为“用户习惯”。

习惯是一种经常性发生的行为，它由人脑中一个叫作 “基底神经节”的部分控制。我们知道，人类实施的某项行为实际上是对其遇到的问题和状况经过一段时间思考后做出的反应。这里的反应指的就是行为。

通俗的说，培养用户习惯就是让用户一旦有需求就能想到我的产品。“老干妈”的营销正印证了这一点。

“老干妈”麻辣酱走的是调味品市场路线，属于日常用品，同时还是高频消费品。正是抓住了客户需求和消费习惯，“老干妈”才能在行业内占据一席之地。

所以，分析用户需求并培养用户习惯是创业者最值得研究的问题之一。

·4·

浓香、油辣，挡不住的诱惑

陶华碧有过艰难的求生经历，顶着烈日上工地，用钉锤敲碎石子，为公路建设做小工；有了点小钱摆粉摊、开小餐馆，一批批的食客及众多回头客，最爱的竟然是她的辣椒酱。她便把辣椒酱做成瓶装产品来卖，从此一发不可收拾。味好、下饭还好携带，最受喜食辣的号称川军和黔军的农民工欢迎，走到哪里带到哪里还买到哪里。

现在有些喜辣的当地人觉得，“老干妈”的辣椒酱，不如过去辣了，不太过瘾。但这一适度降低，却让产品在不太喜辣的北方地区所向无敌。

“老干妈”的产品还大量出口，华人尤为喜爱。

自“老干妈”产品问世后，仿冒假冒就多了。一帮科研人员，眼见“老干妈”发达了，也试制辣椒酱产品，往里添加营养成分，说要胜过“老干妈”。结果味不行，还没怎么销售就夭折了。书生们不知，此乃调味品，重在口味啊。虽然“老干妈”没上过学，国家油制辣椒标准，却是以“老干妈”的标准作为基础制订的。如今，她可以说是文化的创造者。

“老干妈”的绝技来自民间，诚信来自民间。商海滚滚中的长风破浪，靠的正是这样的民间智慧和可贵品质。

从本质的角度来说，“老干妈”具备了成功的必备元素：

1. 口味，中度辣且偏甜，适应的地域范围比较广。

2. 内中包含不少实实在在的鸡块（比较大的鸡丁），对食客很有杀伤力——即使到目前，能够做到用真材实肉，而非添加剂调味的产品依然不多——而且它能神奇地做到基本开罐口就有一块鸡肉。

3. 推出时期早，在行业大发展的前期就进入布局。

4. 正好赶上了辣文化在全国的传播，乘风而动。

5. 品牌塑造虽不算上佳，但颇为易记、易传播。

总的来说，“老干妈”是一个“产品主导型”公司。

首先，“老干妈”的辣味特别的品牌化，只要一吃到，就知道是“老干妈”，不会想到别的牌子。其次，“老干妈”的辣味比较随和，与其它调味品搭配容易，不出杂味，比较纯正。最后就是“老干妈”特别专注，不将心思放到其他行业上。

当然，最重要的就是“老干妈”的辣味，其中辣、麻、甜、咸、油、香的比例特别独到，吃起来不会腻、不会烦。

想象一家没有银行贷款，几乎从不做广告的企业，靠绝技加诚信，如今已是名满天下。这也反映出绝技加诚信在企业竞争中作为稀缺资源的可贵。

在“老干妈”公司还只有一辆小长安面包车时，一位云南的重刑犯，自知来日不多，向监狱提出的唯一要求就是想吃点“老干妈”。那时，云南市场上一时还买不到“老干妈”，监狱方面联系了“老干妈”，“老干妈”便寄了一箱去。

“老干妈”的影响力由此可见一斑。油多、麻辣、香浓，就是挡不住的诱惑。

原本是贵州特色调味品的“老干妈”，成了风味辣椒调味制品的代名词，成了全国和世界众多消费者佐餐、烹饪必备佳品。

“老干妈”的企业理念是“质量第一、安全第一、顾客至上、持续改进”，质量是“老干妈”公司运作的重中之重。

“老干妈”还建立了自己的无公害干辣椒基地和绿色产品原材料基地，很大一部分原材料直接来自生产基地。由于质量过硬，“老干妈”产品“油辣椒”通过了“绿色食品”认证，“油制辣椒”系列食品获得“中国名牌”称号，并由“老干妈”作为标准的主要起草单位发布了国内首个“油制辣椒”国家标准。

在出口上，“老干妈”按销售国标准严控质量，先后在都匀、绥阳建立辣椒出口种植基地，所有出口产品均使用大豆油，其它原材料则对供应商的资质进行严格的审查、备案，且对包装材料进行严格检验。及时完善进入欧美发达国家的市场准入备案，包括美国FDA备案、日本厚生省年检，韩国卫生部门产品检测等，保证了出口产品在各个国家通关、销售等方面的顺畅性和安全性。

“老干妈”对于质量的严谨使其获得了一致良好的口碑，这不仅是保有顾客忠诚的必备，也凝结了“老干妈”对产品的用心。

在原料的选择和制作上，“老干妈”不惜成本，在味道上大做文章，使其成了大部分喜欢辣椒制品者的最爱。

辣椒作为一种蔬菜食品在我国有着悠久的历史。中国八大名菜系中，川菜和湘菜占有两席，而川菜和湘菜的主要特点是辣。日前国内人员流动的频繁，对食品口味要求有所变化，已经没有明显的食辣与不食辣区域，食辣群体不断增加，辣椒的消费也在不断扩大。

第九章

一个真实的“老干妈”

“老干妈”和我们印象中的很多“女强人”有所不同。她是一个勤劳的普通农家妇女、慈爱的母亲，同时又是对自身要求极为严格的老板。

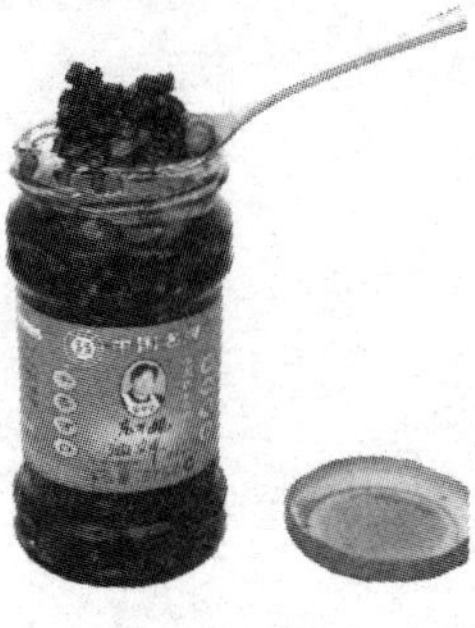

·1·
不打广告，利益最大回馈消费者

“老干妈”麻辣酱早已成为人们生活中常见的一种调味佐餐品，当然目前的市场上还有非常多的其他品牌辣酱，但“老干妈”似乎已经成为一种文化的符号，人们对它的印象非常深刻，甚至已经成为行业里的标杆。究其原因，无外乎味道独特、价格适中这两点。

基于“老干妈”所在的黔地的特征，豆豉和油炸辣椒的调配佐餐习俗早已存在，“老干妈”的成功不是“发明”，而是“发现”了这个东西。她根据豆豉油辣椒的特征判断，认为将它们组合在一起应该具有较好的市场潜力，所以下定决心去推广，才成就了香辣豆豉今天全国化的局面。

“老干妈”属于快消品，尤其是调味品行业，大家都想成为“老干妈”，又看不明白“老干妈”。8块钱一瓶的辣酱，每天卖出130万瓶，一年用1.3万吨辣椒，1.7万吨大豆，销售额40亿，15年间产值更是增长了74

倍。“老干妈”创造了中国品牌的一个传奇。

更传奇的还有其“奇葩”经营模式。不搞推销，不打广告，没有促销，坐在家门口，经销商就来抢货。不上市、不贷款、不融资。别的企业到处找贷款，拉融资，想上市，“老干妈”却多次拒绝政府的融资建议。现款现货，经销商要先打款才发货，现金流充足得令人咋舌。

“老干妈”口味的各种特色菜遍布大小餐饮饭店，成为其销量的又一重要支撑。“老干妈”的市场奇迹和不走寻常路的营销模式，让快消品行业看得云里雾里，“老干妈”到底为何会成为行业里的标杆呢？

“为官须看《曾国藩》，为商必读《胡雪岩》。”富可敌国的徽商胡雪岩，“真不二价”是其经商精髓之一，即货真价实，价格稳定。“老干妈”恰恰是把这一理念发挥到了极致。

本质上，“老干妈”的一切市场行为和奇迹，都是依托其强有力的产品而存在的，它用产品为消费者提供了极致的用户体验。“老干妈”在产品上做出了硬功夫，让低门槛、易跟随的佐餐酱品类有了门槛。

恰到好处的复合口感和最普世口味的抢占，对食品而言，味道即王道，可口可乐的神秘配方能成为无价之宝，就是因此。

中国市场上，跟随战略随处可见，超过首创产品也是常事。但是，“老干妈”的销量冠军产品——风味豆豉，热销多年，却无一家产品能与其抗衡。究其原因，主要因为豆豉是发酵产品，属于复合口味，恰到好处的豆豉产品，给人丰富口感，也在餐饮菜肴中被广泛应用，其他企业不是不想跟随，而是达不到“老干妈”对豆豉产品口感的把握。

食品之争，最重要的是口味之争，口味之争首先是抢占最普世的口味。“老干妈”很好地平衡了辣和香，让最大多数消费者接受，以至于很多消费者一段时间不吃，都会非常惦记。

方便面之争，本质上就是口味之争，康师傅红烧牛肉面多年领跑，就是占据了这一深受最大多数人喜爱的口味，统一直到推出老坛酸菜面，才实现突破，其实就是南方普世口味的崛起。

品味虽贵必不敢减物力，严格到苛刻的原材料把控。“老干妈”所用辣椒原料，主产地在遵义，遵义辣椒曾为出口免检产品。当地为陶华碧供货的收购大户说，只有我们欠过她的钱，她从不欠我们。但给她的辣椒，谁也不敢大意，只要出一次错，以后再想与她打交道就难了。现在，“老干妈”与当地联合建立无公害干辣椒基地和绿色产品原材料基地，搭建了一条“企业+基地+农户”的农业产业链，绝大部分原料都来源于“老干妈”的自产基地。

保证客户价值，把品质稳定做到极致。一段时间品质好、几个区域品质好，都不是难题，难能可贵的是，“老干妈”卖了这么多年，无论消费者什么时候买，在哪里买，味道都始终如一，这种高度稳定的产品品质就成了一般企业难以企及的竞争力。

“老干妈”独特而稳定的口味，也是其餐饮渠道的强大支撑。基于“老干妈”产品的众多菜品在很多餐厅饭店随处可见，很多企业都想推出跟随产品，但餐饮对产品口味的稳定性要求更高，因为更换调味品，常常会造成菜品口味波动，而“老干妈”产品就不会出现这样的问题。

食品安全备受诟病的当下，真正能像“老干妈”这样，在企业做大做强，赢得市场之后，仍然坚持产品质量始终如一的企业已经寥寥无几。尊重客户，保障客户价值的企业，客户也将以市场回报。

低端绝对不是低质。紧紧把握这一点的企业，有牛栏山，还有“老干妈”，如此它们才有可能成为市场的老大。“老干妈”的消费人群绝大部分都是中低端消费者，但其扎根这一区域，即使目标市场是中低端人群，也要提供极致的客户体验。

茅台就曾表示，对行业而言，要有腰部产品的概念，但对企业而言不是。企业要做专业，无论你是做高端酒、中端酒还是低端酒，好好地做好就行。如果要茅台做低端酒，茅台也做不过二锅头。

中国企业常常做的一件事就是产品取得市场认可之后“降成本”，所谓降成本，大多是在产品原料和工艺上做文章，一次调整也许大多数消费者感觉不到，但一再地降低产品要求，最终将导致质变，被消费者抛弃。可以说，早期“老干妈”的很多对手，并不是被“老干妈”打败，而是自己打败了自己。

“老干妈”用过硬的产品力，横空劈出一道鸿沟，没有门槛，“老干妈”给你造一个门槛。

价格往往决定着品牌和目标人群的定位，价格变动，不只是企业利润和销量的变化，更是品牌定位的转移，尤其是企业具有领先市场份额的情况下，提价，往往是给对手让出价格空间。

东阿阿胶上市后为了更快树立起自己的高端形象，频繁提价，并将渠道进行全面提升。东阿阿胶看似锐不可当，但其高端化、奢侈化的转移，恰恰是将中低端消费者的市场需求留给了福牌阿胶。福牌正是紧抓这一机遇，抢占东阿阿胶留下的市场空白，实现了业绩提升，现在福牌阿胶的总体销量已经超过了东阿阿胶。

以“老干妈”的主打产品风味豆豉和鸡油辣椒为例，其主要规格为210g和280g，其中210g规格锁定8元左右价位，280g占据9元左右价位（不同终端价格有一定差别），其他主要产品根据规格不同，大多也集中在7—10元的主流消费区间。基于“老干妈”的强势品牌力，其他品牌只能选择价格避让，比如李锦记340g风味豆豉酱定价在19元左右，小康牛肉酱175g定价在8元左右，要么总价高，要么性价比低，都难与“老干妈”抗衡。

这就造成了调味酱行业定价难，低于“老干妈”没利润，高过“老干妈”没市场。“老干妈”的价格一直非常稳定，坚守价格定位，价格涨幅微乎其微，不给对手可乘之机，在“老干妈”本身强势的品牌力下，竞争对手们，要么为了低价导致低质，要么放弃低端做高端，而佐餐酱品类又很难支撑高端产品。

广告的主要目的是以占据消费者心智而谋求市场，一句能够唤起消费者共鸣的诉求，往往成为品牌成功的利器。所以，企业的本质目的是占领消费者心智，而非广告本身。“老干妈”看似没有做过广告，但其已经完成了对消费者心智的占领。

从学生入手，最容易唤起的消费记忆。据心理学分析，学生时代是品牌最容易引起好感和怀旧的时机，北京连锁餐饮新辣道就常常把门店开在学校附近，在吸引顾客的同时，潜移默化的占领消费者心智，以后无论这些学生走到哪里，新辣道的味道都会伴随着他们青春的记忆。

“老干妈”起家于学校附近的素粉店，无意中已经开始了对消费者心智的占领。同时，由于“老干妈”产品本身物美价廉，作为佐餐酱美味又极为下饭，经济不足的学生群体是其主要消费群体之一，口味的培养和消费者心智占领很好地融合，很多留学生都把“老干妈”称为家乡的味道。

行业中经常有人质疑“老干妈”包装土气，多年来从未更换瓶贴等问题。事实上，正是基于“老干妈”多年来的坚持，其包装和瓶贴已经固化为最深入消费者内心的品牌符号，甚至成为这一品类的代表符号。茅台推出过无数新品，但消费者最认可的还是其老包装的飞天茅台，认为这才是总理喝的茅台，是地道茅台。

现在，“老干妈”开始走出国门，产品遍布30多个国家和地区。在国外，“老干妈”被称为“留学生必备”、“家的味道”，也受到很多外国消费者的喜爱。而且在中国8、9块钱一瓶的“老干妈”，在国外卖到十几美元，堪称调味品行业的奢侈品。国外渠道的销量目前还无从得知，但这一步的跨出，“老干妈”已经成为“舌尖上的中国名片”。

广州是“老干妈”最先爆发的区域市场，而后逐步扩张到全国。“老干妈”和一般企业的区别就在于，绝大部分企业是经过市场分析选择区域战略根据地，而“老干妈”是通过自然选择，首先爆发了广州市场。

1994年开始，“老干妈”开始向途经“实惠餐厅”的货车司机们赠送自制的麻辣酱。正是货车司机让“老干妈”如同蒲公英的种子一样撒向全国，并在最适宜的地方扎根生长。当时，以广州为代表，大量农民工进城，“老干妈”正符合了他们的口味和价位，于是首先在广州市场取得销量爆发，继而逐渐实现全国扩张。

“老干妈”的经销商策略极为强势。

1. 先打款后发货，现货现款。别的快消品都尽力把货压在经销商手里，而“老干妈”的经销商必须先打款，才能拿到货，甚至打二批货款的时候，才能拿到第一批的货，现金流充盈，让各厂家叹为观止。

2. 以火车皮为单位，量小不发货。

3. 没有政策支持。“老干妈”没有广告，没有活动，自然也不会给经销商政策支持，而且利润空间很低，一瓶甚至只有几毛钱。

4. 大区域布局，一年一次经销商会。为了维护经销商，构建经销商网络，快消品企业大部分要维护数量庞大的经销商，每年都要召开各种不同地区、不同层次的经销商会议，会议上以各种形式极力讨好、回馈经销商。但“老干妈”一年，甚至两年才开一次经销商会，一个省，或者几个省一个经销商，这种状况下甚至还在进行省区合并。

那么，问题来了，“老干妈”如此强势的经销商策略，底气何在？经销商为什么会接受这些“霸道”的规矩？原因还在产品上，“老干妈”把产品做成了硬通货，只要能拿到货，就不愁卖，而且流通速度快，风险小，是经销商利润的可靠保障。

由此可见，做行业标杆并不是一件容易的事。“老干妈”的成功之道值得创业者和企业主们学习。

2000年初，绝大部分企业都是坐在家门口等各地大小经销商前来采购，没有物流运输等各项服务，没有一批、二批之说，更没有经销网络。企业就是一家批发商，各地经销商只管来拿货，拿回去怎么卖，企业也不关心。这一阶段中，由于路途问题，南方经销商较少来北京采购，等到王致和有意识布局南方市场，却为时已晚。

"老干妈"当时选择了一条与众不同的路子，只选择大区域经销商，并负责物流运输，区域经销商为了达到销售目的，就必须进行二批的开发布局，逐渐形成了经销网络遍布区域、便利店、商超、甚至菜市场的局面，"老干妈"产品随处可见，现在更是走出国门，进入国际市场。

因此，"老干妈"先一步完成了渠道网络布局，形成了完善的经销商网络，产品随处可见。大区域经销策略也让"老干妈"的招商变得极为轻松，一年一次招商会就能搞定。

"老干妈"背后的几点启示：

1. "老干妈"的成功是产品思维的成功，产品是一切营销的源头。那种一杯水卖出天价的浮躁思想，都是靠不住的。只有以像可口可乐、康师傅红烧牛肉面、双汇火腿肠等产品力过硬的产品为基础，营销才能发酵出奇迹。所以，食品企业要在产品口味、包装、规格、定价等各要素上下足功夫，打造真正符合消费需求的产品。

2. 不能把营销等同于推广和广告。营销的目的是让销售成为多余，是"在销售之外做点什么"的事。很多名不见经传的企业，实际上却是一个品类的隐形老大，深层次的营销是不一定要做很大力度的推广，以整合之力实现市场目标才是关键。

3. 以消费者为中心，即使定位于中低端市场，也能够提供极致的客户体验。商业需要回归其本源，即企业存在的唯一目的是创造顾客。

4. 做企业要有耐心，能坚持，经过时间的发酵，以前看似普通的产品和品牌就有了价值。企业要充分敬畏和尊重市场成长规律，有长期经营心态，一味追求短平快，会让企业栽大跟头。"老干妈"坚持有多大能力做多大事，坚持不上市，不被资本绑架，反而赢得了市场的尊重。

5. 企业取得市场优势之后，“产品力+价格空间”成为定位的关键因素，提高价格的确能够提高企业利润，但同时也会为对手让出价格空间。

6. 企业在产业链中的地位，决定企业的话语权。“老干妈”在产业链上的强硬，源于其无可替代的产品力。所以，单纯羡慕“老干妈”的“强硬作风”毫无意义，关键是如何打造自己的核心优势。

7. 在当时传播条件限制下，“老干妈”不做推广依靠口碑逐步积累，并未使其丧失市场先机，经过时间酝酿，成就了惊人的市场爆发。世易时移，面对当前的传播大爆发，企业不可盲目复制无传播的营销做法。

无论是营销强势还是产品质量过硬，这些都是“老干妈”坚守下来的优良品质。尤其是她在保证质量的前提下，压缩价格，并不以广告来宣传，节约的部分全部让利给消费者，将消费者利益放在首位。仅此一点，就值得尊敬。

·2·

上市是骗人家钱，我才不干

早在2003年，贵阳市政府的领导就建议“老干妈”公司上市，还表示可以帮助“老干妈”借壳上市，以便融资扩大生产规模，却被陶华碧一口回绝了。

“什么上市、融资这些鬼名堂，我对这些是懵的。我只晓得炒辣椒，我只干我会的。”即使如今公司有实力上市，陶华碧的态度依然如此。

她做生意的规则始终是一手交钱一手交货，谁也不欠谁，这样简单而明朗的道理，陶华碧坚持了几十年。

“连续17年销售额增长，日均生产200万瓶，实现年销售收入37.2亿元，上缴税收5.1亿元”，这一串数字说的就是“老干妈”。在感叹一个企业辉煌成就的同时，还有人从中读到了对A股市场的莫大讽刺：因为拥有如此傲人业绩的公司就是不肯进入A股市场，这背后的潜台词就是市场问题多。

其实，上市与否是一个公司的自主选择，尤其对家族式企业而言。简单地说，选择做公众公司，除了每年增加一些必要的事务性费用支出，更重要的是需要承担持续性的义务和责任，要对投资者和监管机构履行信息披露义务，确保及时、全面、真实、准确地披露可能对股票交易产生影响的重要信息，还必须按照《中华人民共和国公司法》和国际惯例，建立由股东大会、董事会、监事会和经理层共同组成的法人治理结构，有效地行使决策权、执行权和监督权，保障股东的利益和上市公司的规范经营运作。相比之下，家族式企业内部如果资金、生产、经营各方面可以自我运行良好的话，不上市未必不是一种适合自己的选择。当然，更多公司通过借助资本市场做大做强也是一种选择，这一主动权应该在企业自己手中。显然，“老干妈”选择的是前者，她的理念就是“不上市、不贷款、不融资和永远现款现货”。

这里涉及的另一个问题是如何看待A股呈现出的“问题”。在20世纪90年代国内资本市场建立之初，A股确实承担了国企改革的历史使命，造成“圈钱”的印象，形成若干遗留问题；经过20多年的发展，随着一些问题的逐步解决，资本市场各项制度规则不断完善，行政化色彩逐渐褪去，市场化程度不断提高，在当前经济发展阶段它的重要性不断显现。同样不可否认，在资本市场成长过程中，确实存在上市公司变脸、欺诈等诸多问题，但是，任何事物都不是一蹴而就地完美，总是在发现问题—解决问题中循环发展不断趋于合理和理想，如同树苗要在成长过程中不断修剪才能参天。即使在规则完善、监管严格被称为成熟市场的海外，各种欺诈事件仍然时有发生，而且，由于监管措施更严格，事件发生的技术性更隐蔽，危害性也更大。

A股市场成长的20多年就是不断发现问题和解决问题的过程。也正是经历了这一过程，资本市场在国民经济发展中的地位才不断凸显。伴随市场化改革的深入，资本市场与国民经济发展目标结合将更加紧密，作为国民经济晴雨表的功能将更加清晰。

如果一定要把“老干妈”不上市与A股扯上关系，那只能说，A股市场的层次化需要继续丰富，以便更具特点和针对性。

2003年，一些政府领导曾建议陶华碧公司借壳上市，融资扩大公司规模。

这个在其他企业看来求之不得的事情，却被陶华碧一口否决，陶华碧的回答是：“什么上市、融资这些鬼名堂，我对这些是懵的，我只晓得炒辣椒，我只干我会的。”有官员感叹，和“老干妈”谈融资搞多元化，比和外商谈投资还要难。

王武和谢邦银说，陶华碧的记忆力和心算能力惊人，财务报表之类的东西她完全不懂，“老干妈”也只有简单的账目，由财务人员念给她听，她听上一两遍就能记住，然后自己心算财务进出的总账，立刻就能知道数字是不是有问题。

即使是扩大公司生产规模这样的事情上，陶华碧也保持着自己固有的谨慎。贵阳市官员在劝说陶华碧时也是倍感艰难，最后在市区两级主要官员的多次上门劝说下，陶华碧才勉强同意。

现在，陶华碧几乎不去她的办公室，奔驰座驾也很少使用，因为“坐着不舒服”。除了一个月两三次去厂房车间转转，她生活的全部就是和几个老太太打麻将。

理财周报记者在贵阳遍访各阶层人士，他们有各级政府官员、有大学教师、有报纸和电视记者、有工商局和银行的工作人员，他们都和那个奇特且神秘的陶华碧或多或少打过交道。

她是成功到极致的创业者，也是简单到极致的创业者。她把一瓶5块钱的辣椒酱做成可以与茅台相提并论的品牌，但她坚决拒绝像茅台一样成为资本市场的明星。

很难想象这样一个人能成为亿万富豪：她不识字、没有任何财务知识、不知现代企业为何物、说话常常逻辑不清。即便在暴富之后，她的生活也和中国农村千千万万五六十岁的老太太没有任何区别，打赌注很小的麻将，从早到晚。

在令人不可思议的最初印象背后，还有另一个她：喜欢钻研、记忆力惊人、不畏艰难、执着于想做的事、对现金近乎偏执的重视、绝不涉足自己不熟悉的行业、每一次迈出扩张的脚步都慎之又慎。

在贵阳的几天，很多人向我们讲述了很多关于陶华碧的故事，从艰难创业一直到现在的深居简出。最令我感兴趣的，是“老干妈”连一部像样的员工手册或者规章制度都没有，而陶华碧却能让企业在10多年中迅速发展且没出过什么大问题。

陶华碧的管理方式令人称奇：比如前一天和一个员工聊了几句，第二天她会煮6个鸡蛋亲自拿给这个员工，叮嘱“要好好干啊”；比如突然有一天她开出贵阳最高的薪水找来“几个能人”，将一部分股权和几乎所有的事情都交给他们，自己只是偶尔系着围裙到车间转转。

除了用最传统的道德观念和亲情管理维系着一个数千人的庞大企业，陶华碧更令人赞叹的一点，是她与所有政府官员，始终保持着不是很远却相当明显的距离。一个草根创业的民营企业家，做到这一点有多难，恐怕只有那些富豪榜上的明星们冷暖自知。

2005年，福布斯将陶华碧冠以“贵州首富”的名头隆重推出，有人念给陶华碧听，惹得她勃然大怒，狠狠训斥了她的总经理和董事长办公室主任。如果这次报道有幸被陶华碧听到，希望转述者能完整叙述以下的话：我们对陶华碧进行大篇幅报道，不仅仅是因为你拥有巨额财富，更因为你是中国人创富的标本，你的财富和行为都值得我们尊重，你的故事，应该在更多人中进行传播。

“我坚决不上市，一上市，就可能倾家荡产。上市是欺骗人家的钱，有钱你就拿，把钱圈了，喊他来入股，到时候把钱吸走，我来还债，我才不干呢。所以一有政府人员跟我谈上市，我跟他说:谈都不要谈!你问我要钱，我没得，要命一条。”

陶华碧这段话是什么意思，谁把钱吸走，为什么要还债？或许“老干妈”的答案完全是从情感上带有偏见地认为上市等于圈钱。那么“老干妈”如果要做大做强是否需要上市?

答案是否。不否认陶华碧可以忍住资本增值的诱惑是一种大众眼中的道德高尚的行为，但是这和是否上市没有因果关系。“老干妈”可以不上市的原因是其特性导致的。

首先它是轻资产公司，生产线的初始投入并不高，也没有太多的技术含量。

其次是产品比较特殊。麻辣酱属于快速消费品，利润率较高，但用量又较小，一顿饭吃不了一罐“老干妈”，所以它的市场地位实际上是在一个容易被忽视的角落里面成长壮大的，这种统治地位全靠消费者的口碑和习惯，当然也和较好的质量控制有很大关系，所以它的毛利不需要像五粮液和茅台一样大额支出在广告费用上。

“老干妈”对收购和兼并持反对意见，如果一定要做一个新的品牌出来的话，因为本身“老干妈”的定价已经较低，在这个空间有限的细分市场，超出需求的辣酱类产品消化速度很慢，所以“老干妈”面临的竞争威胁实际也不那么激烈。

最后因为坚持全现金结算，“老干妈”现金流极好。她看不到有迫切的融资需要。所以，不上市“老干妈”一样可以活得很好。只要不进行多元化经营，消费者也继续爱吃辣，保持品质，那么像“老干妈”这样的企业可以做得非常长远。

其实上市公司这个资格因为体制的原因在中国是稀缺资源。首先，上市公司能够自由运用股和债这两种基本融资工具，非上市公司无法做到。其次，上市公司可以通过其资本市场平台方便地进行兼并和收购，无需动用太多现金，而非上市公司的股权一般做不到大规模的股权收购。最后，上市公司通过股权激励的方式可以更方便招揽、留住专业的管理和技术人才。上述3点是大部分企业想要得到上市机会的主要原因。

关于上市公司是否会套现走人的问题，首先，股权交易不是强买强卖，原始股东能走是因为有人愿意接。其次，大股东没个五六年是走不掉的，先有3年锁定，再有法规约束减持额度，而且快速减持到后面股价就不行了。最后，这么多钱就算拿出来了，恐怕还是公司股权的收益率高，现金放在手里是会被通胀慢慢吃掉的。所以，这个问题并不严重。

从“老干妈”的事例反过来看，重资产公司、缺钱的公司、竞争激烈的公司基本都有融资上市的需求，基本涵盖了大部分行业。

“老干妈”只做自己了解的事情，这是非常正确的策略。“老干妈”不上市也很成功并非因为她的高风亮节，而是因为“老干妈”这样的公司不用上市也能将企业运作的非常顺畅。在世界范围来看，上市是企业经营的一个里程碑，和道德价值并无关系，只是公司决策的一种方式。

因为投资也好，上市融资也好，都有一定风险，应该谨慎视之。

·3·

参加两会，提携后辈

“老干妈”陶华碧是个极为低调的人，平时很少能见到她本人。她已经连续7届以人大代表的身份参加“两会”。

在北京举行的十一届全国人大五次会议上，陶华碧曾表示：“‘老干妈’3年缴税8个亿，实现31亿元人民币的产值，带动两百万农民的致富，我还是按照我的知识来办事。”60多岁的陶华碧只有小学文化程度，从摆地摊起家，历经艰辛，成为中国最大辣椒酱企业的掌门人。

“老干妈”一向相当低调，但参会的照片被记者发布到网上后，立即上了头条，无数网友评论：吃了那么多年，终于见到真人版“辣妈”了。

“老干妈”不仅在麻辣酱上面仔细钻研，对后辈的培养和提拔也很花心思。

“老干妈”非常关心贵州地区的商业发展，并且对年轻人寄予厚望。

有一回贵州代表团刚刚开完工作会议，“老干妈”陶华碧就把80后代表——玉屏箫笛厂厂长姚懿州叫到了房间，送给姚懿州一台崭新的笔记本电脑。“他是个厂长，人人都要学习好，企业家们把贵州经济带活起来后，也给我们贵州人民争光！”陶华碧说，“希望姚懿州能用这台电脑架起玉屏与世界的桥梁，让更多人了解玉屏箫笛。”陶华碧还传授了自己的“生意经”，她告诉姚懿州，要能吃苦，经商更要诚实守信。

姚懿州是贵州代表团里最年轻的人大代表，这两天正为没有带电脑发愁。“老干妈”知道后专程去买了台电脑送给他，他既惊讶，又感动。姚懿州说，这是他的第一台笔记本电脑，有了它，更方便他做参会的准备。看到这个电脑他就会想起“老干妈”教的怎么去做企业。

像陶华碧这样的私营企业主被选拔为人大代表的例子不少，那么为何企业主可以做代表呢，对企业来说又有什么意义呢?

入选人大代表是一种“政治勉励”，既然入选是“政治勉励”，这意味着只有少数私营企业家可以入选。因此，可以说有两种类型的私营企业家：一是已经是人大代表或者政协成员的“入选者”，二是没有进入两者中任何一个机构的“普通者”。无论是中外媒体抑或是一些社会科学家，都喜欢给前者贴上“红色资本家”或者“红顶商人”的标签。然而，这些词语拥有太多的含义，常常是性质混杂甚至被滥用。它最常用的定义是拥有党员身份的资本家，但是有时任何一个与党和国家有或多或少联系的企业家都可以被贴上这个标签。更重要的是，如我接下来要论证的那样，党员身份并不总是有助于被选为政协委员。因此，“入选者”这个词更加合适。那些常常成为焦点的“入选者”们，常常也是大众传媒和“商业成功之道畅销书”最喜欢关注的话题，但这些报道很难被视为严肃的学术研究。此外，虽然现在已经有大量关于私营企业主参与政治生活的经验性的文章和著作，但是大多数的定量研究都是以地方性调查为基础的，很少有研究是在全国的层次上分析谁会被选入人大或者政协。例如，有学者以柳州市1017家企业为个案，研究了企业主参政议政的决定因素，但他们的研究没有将人大和政协分开讨论，而是合为一体。

再比如，研究证明了企业历史和企业家的经验都对企业家参政议政有着显著影响，但这项研究也是以地方数据为基础的。迪克森被广为引用的一篇论文也是如此，是以2005年对8个县的调查为基础的。还有些文章通过揭示“新富阶层”怎样和当地的政治精英合作，提供了关于地方一级“选举”的有趣观察，但这些研究不仅是以定性的个案研究为主，而且主要的兴趣点，也更多的是通过对“地方国家法团主义”之类现象的研究，来揭示地方政商关系的运作逻辑。

当然，使用全国性数据的研究也广泛存在，但在参政议政这个议题上，许多文章只是单纯地描述或者演绎。另一些则强调人大或者政协内部成员之间的“政治关系”，但是这种关系往往被当作因变量而不是需要解释的对象，被用来解释诸如企业业绩、治理结构、银行贷款等方面的差异。

事实上，缺乏针对私营企业主政治参与状况进行全国性分析的原因，很大程度上是因为许多研究者，尤其是外国的研究者，很难有机会接近可靠而真实的全国性私营企业主的数据信息。

所以就以上分析可得出，“老干妈”陶华碧属于第二个类型，她是低调而默默无闻的私营企业主，当选为人大代表后，她也是积极参与到讨论中，关于企业的未来发展等她都有自己独特的见解。

没有人大代表这个标签，陶华碧依然是令人尊敬的企业主，一个将“诚信、务实、认真”作为企业信条的“老干妈”但通过参加两会，可以让更多人知道“老干妈”的创业故事，了解“老干妈”麻辣酱，为企业赢得更多的关注度和曝光率。

·4·
他们卖的是“崴货”，我才是真正的“老干妈”

“老干妈”麻辣酱系列品牌在市场上的影响力越来越大，消费者已经将“老干妈”的品牌与品类认知紧密相联了，很多人吃麻辣酱只吃“老干妈”，可见“老干妈”已经拥有了相当大一部分的粉丝群。可就在这个时候，与“老干妈”陷入商标纠纷的企业却越来越多。

最轰动的例子是湖南华越公司的“刘湘球‘老干妈’”。华越公司申请“刘湘球‘老干妈’及图”商标几乎在“老干妈”公司向国家商标局申请“陶华碧‘老干妈’及图”商标的同时，双方均得到国家商标局的认可。一时间，多地货架上同时出现两位有着红底黄字瓶贴、身着白色围裙的“老干妈”。

之后，经过一场旷日持久的拉锯战，这场官司以“老干妈”胜诉告终，公司在国家工商总局商标局领取到了“陶华碧‘老干妈’及图”的商标注册证书。

而在两会期间，陶华碧的秘书刘涛介绍，“老干妈”公司近年来每年都要安排两三千万的“打假”专项资金。

此外，“老干妈”公司也加强了商标保护措施。目前，该公司全部注册商标达114个，包括“老于妈”、“妈干老”等商标，这都是为了防止一些公司打擦边球，影响“老干妈”品牌。

经销商林先生说，公司“打假”一直很积极，对于假货的投诉或报告，反应非常快。“有一次我们在市场上发现山寨货，打电话给总公司，对方第一时间让我们给工商和公安打电话要求查封。4个小时之后，李贵山就下了飞机到了我们这里。”

如果注意观察，可以发现，陶华碧这几年提交的两会建议都和“打假”有关，而在其为数不多的受访中，她也经常强调食品安全的重要性。“你看到假冒的产品，就告诉我，我会付给你感谢费。”陶华碧在公开场合多次说道。

其实，早在“老干妈”创立初期，李贵山就曾申请注册商标，但被国家工商总局商标局以“‘干妈’是常用称呼，不适合作为商标”的理由驳回，这便给了仿冒者以可乘之机。

“老干妈”卖出了名气之后，全国各地陆续出现了50多种“老干妈”，陶华碧开始花大力气打假。她派人四处卧底调查，拨款数百万元成立了贵州民营企业第一支打假队，开始在全国打假。

但仿冒的“老干妈”就像韭菜一样，一茬接一茬层出不穷，特别是湖南“老干妈”，商标和贵州“老干妈”几乎一模一样。

陶华碧犯犟了，不依不饶地与湖南“老干妈”打了3年官司，从北京市二中院一直打到北京市高院，还数次斗法于国家商标局。此案成为2003年中国十大典型维权案例。

2000年8月10日，一审法院认定，贵阳“老干妈”公司生产的“老干妈”风味豆豉具有一定的历史过程，湖南“老干妈”构成不正当竞争，判决其停止使用并销毁在未获得外观设计专利权前与贵阳“老干妈”公司相近似的包装瓶瓶贴，并赔偿经济损失15万元。

这意味着两个“老干妈”可以同生共存，对于这个结果，正派“老干妈”陶华碧是不接受的，她很快便提起了上诉。

其间有很多人劝陶华碧放弃官司，但她面对前来劝解的人就一句话：“我才是货真价实的‘老干妈’，他们是崴货（贵州话：假货），难道我还要怕崴货吗？”

“不管路有多长，困难有多大，时间有多久，我们一定要把这场品牌保卫战打下去，直到取得最终的胜利。”这是贵阳南明“老干妈”风味食品公司董事长陶华碧对法院的判决结果做出的强烈反击。

据悉，北京市第二中级人民法院对贵州“老干妈”公司状告湖南华越公司“仿冒‘老干妈’风味豆豉酱包装装潢”案件进行了判决，认定华越公司的行为“构成了不正当竞争”，但由于此前华越公司申请的“刘湘球‘老干妈’及图”商标几乎在“老干妈”公司向国家商标局申请“陶华碧‘老干妈’及图”商标的同时，已得到国家商标局的认可，法院无法支持停止华越公司使用“老干妈”商品名称的请求，于是出现贵州“老干妈”虽赢了官司却还要上诉的稀罕事。

其实这个事还得从多年前讲起。

1994年贵阳市南明实惠饭店推出以“老干妈”为产品名称的风味食品，其中的豆豉辣酱尤其引起消费者的兴趣。1996年8月，贵阳何世立先生专门为“老干妈”公司手书的“老干妈”3个字被用在豆豉辣酱瓶贴上，字上中部是产品发明人陶华碧身着白色围裙的肖像。此后的几年里，“老干妈”豆豉辣酱在一些城市消费者的餐桌上出尽风头。

看到消费者如此喜欢自己的“老干妈”，贵州籍的“老干妈”遂想到要为自己的姓名报个“户口”。但自从1996年以来，国家商标局先后5次以“干妈”两字为普通人的称谓为由驳回其商标注册要求。

贵州“老干妈”公司职工在向记者介绍他们“老干妈”名称的来历时振振有词：十几年前，董事长陶华碧的丈夫过早去世，留下两个未及弱冠的孩子。为了生活，陶华碧在街上靠卖凉粉、米豆腐维持生计。当时附近有所技校的学生经常光顾她的摊点，其中有位名叫欧阳梓刚的学生因家境不好而不安心上学，陶华碧知道后主动关心和资助他。这位学生感激之余便亲切地认陶华碧为“老干妈”，后来其他学生也跟着叫她“老干妈”。陶华碧在创业发展后，没有忘记用这个名称作为自己的品牌名。

但是，始料未及的事情发生了。

1997年，湖南华越公司与贵州“老干妈”下属企业——贵州省贵阳市的唐蒙食品厂签订合作协议，以唐蒙厂的技术共同生产“老干妈”风味豆豉辣酱，其产品使用的瓶贴上也使用了何世立的手书字体，同样也是红底黄字，所不同的是“老干妈”肖像是另一位妇女半身像，而且每个大字的黄色底衬是菱形，而非贵州“老干妈”瓶贴上的椭圆形。1998年，就在贵州"老干妈"连续5次申报商标注册均未成功的情况下，湖南"老干妈"却顺顺当当一举获得注册批复；而与此同时，国家商标局竟然又同意了贵州"老干妈"的商标注册。

1998年8月贵州"老干妈"从北京燕莎望京购物中心购买了华越"老干妈"风味豆豉和风味辣丁等产品，作为证据，起诉湖南华越食品有限公司和北京燕莎望京购物中心仿冒"老干妈"风味豆豉酱包装装潢，要求法院判令其停止侵权行为，销毁全部侵权瓶贴、标识，并公开赔礼道歉，消除影响，赔偿经济损失。

2000年8月10日，受理此案的北京市第二中级人民法院一审判决：对贵州"老干妈"公司告湖南华越公司"仿冒'老干妈'风味豆豉酱包装装潢"案进行了判决，认定华越公司的行为"构成了不正当竞争"，但由于此前华越公司申请的"刘湘球'老干妈'及图"商标几乎在"老干妈"公司向国家商标局申请"陶华碧'老干妈'及图"商标的同时，已得到国家商标局的认可，法院无法支持华越公司停止使用"老干妈"商品名称的请求。

同时，虽然湖南"老干妈"瓶贴与贵州"老干妈"瓶贴相似，但鉴于湖南"老干妈"企业的商标已经国家商标局注册，所用瓶贴获得了国家专利局的外观设计专利证书，因此对贵阳"老干妈"企业诉请判决对方停止使用"老干妈"商品名称和停止使用获得设计专利后瓶贴的请求，法院不予支持。8月21日，贵阳南明"老干妈"公司向国家工商局商标评审委员会提出商标复审申请，并向北京市高级人民法院提起上诉。

由于贵州"老干妈"在贵州是家喻户晓的产品，这场官司"一石激起千层浪”。当地以各种形式声援贵州“老干妈”的法律行动。

一些法律界权威就这种商品注册案例的“一女两嫁”现象发表了自己的看法。社科院法学所知识产权研究所主任、北京和天津仲裁委员会仲裁员李顺德认为，尽管法院无法撤销已被国家商标局注册的湖南“刘湘球‘老干妈’”商标，但湖南华越公司产品上的“老干妈”3个字体的使用应属于侵犯了何世立的著作权；原全国人大常委会法律委员会副主任委员、中国政法大学校长江平则认为，湖南“老干妈”的瓶贴、包装与贵州“老干妈”在整体感觉上非常相似，在市场上已构成了对消费者的严重误导，同时他个人认为，“两个商标也极其相似”。不过法律界人士有一种共识值得注意：法院的判决并没有误，因为已被注册的商标，法院是无权判决停止使用的。而造成今天这种“干妈”满天“飞”尴尬现状的源头是两个极为相似的商标同时合法并存的现实。

为此有人提出更尖锐的问题：如果说两个“老干妈”的纠纷由商标注册不当引起的话，那么职能部门的裁决该由谁来“裁决”。

“作为权威部门认定的湖南华越‘老干妈’是在通过合法程序取得国家商标局注册证后，被贵州‘老干妈’推上法庭的。”针对这桩新世纪两个“老干妈”大战将面临进一步升级的闻名全国的商标官司，湖南华越食品有限公司副总经理李安在他那贴着“辣遍全球”广告语的办公室内对记者说。

据李安说，对于将进行的新一轮诉讼，湖南“老干妈”有充分的信心奉陪到底。理由是湖南“老干妈”——湖南华越食品公司成立于1997年9月，而贵州的“老干妈”于1997年11月才由“贵阳南明陶氏风味食品厂”

正式更名为“贵阳南明老干妈风味食品有限责任公司”。所以，从成立时间上来看他们是有优势的。

“湖南‘老干妈’的商品，刚进入市场公司便斥资400多万元在湖南卫视和湖南省内的其他电视台与湖北、河南、山东、云南、陕西等地的电视台做广告，因此声名鹊起，才有了今天这样的知名度，并获得了‘湖南名牌产品’、‘99湖南市场占有率最高品牌’、‘99湖南省消费者购买首选品牌’和‘湖南知名商品’及湖南省技术监督局颁发的‘产品质量信得过商品’，也就是说，湖南‘老干妈’从创立之初，其市场知名度是通过自己的良好商品声誉和广告投入获得的。”

李安认为，判定一个商品的知名度要依据商品广告、销售历史、销售数量和市场占有率等方面的证据进行综合判断。虽然贵州“老干妈”的产品曾被评为贵州省的名牌产品，但并不意味着其产品在贵州省外的市场上也有知名度。相反，湖南生产的“老干妈”产品已在一定的地区有了一定的市场，更具有了一定的知名度，已从湖南省走向了全国，从一个地方品牌，变成了全国性的品牌。

李安说：“老干妈”风味豆豉的商品名称、包装、装潢并不为贵州所特有，相反，湖南“老干妈”的包装、装潢已取得外观设计专利。贵州使用“陶华碧牌”界定自己的商品，而湖南则用“刘湘球牌”，消费者不会把两种产品相混淆。

最终陶华碧和湖南“老干妈”的官司，在两位贵人的极力斡旋下得以终结。2003年5月，陶华碧的“老干妈”终于获得国家商标局的注册证书，同时湖南“老干妈”之前在国家商标局获得的注册商标被注销。

就在两个“老干妈”官司打得如火如荼的时候，另一个叫“老干爹”的品牌正悄悄借着“老干妈”的东风。

俗话说，一山不容二虎，两个品牌在名字上仅一字之差，却又是八竿子打不着。在“老干妈”看来，“老干爹”有意和“老干妈”摆放在一起，以制造出似亲非亲的关系来混淆消费者视听。这种借势营销手段其实是一种变相的侵权行为，在市场上是站不稳脚跟的，生意也很难做长。

一晃20年过去了，“老干妈”已经把5元钱的辣酱生意做成了37亿的民族品牌，而另一个区的“老干爹”在国内仍然是鲜为人知，还背负了山寨品牌的骂名，生意终究做不长。

都说，第一个吃螃蟹的人是英雄，第二个吃螃蟹的人是狗熊，这就是互联网时代体现在品牌上的“先入为主”，“老干妈”产品比“老干爹”早一步进入辣酱市场，在市场上形成相对强势的影响力。后来者，不管是“老干爹”、“老干娘”还是“干儿子”，不管质量上能否超过它，消费者都会因接受了“老干妈”的品牌形象，并以此为标准，故后来者即使付出几倍甚至几十倍的代价，也难撼动“老干妈”的强势地位。

“老干爹”堂而皇之地以“老干爹”之名，妄图借着“老干妈”的品牌光辉一下子拔高自己的品牌档次，能与“老干妈”平起平坐，殊不知在“老干妈”品牌光辉的背后，是由扎实的品牌质量和诚信堆砌起来的基石，这是无论“老干爹”之流如何借势，都难以企及的。

就像“老干爹”负责人说的，“老干妈”的收入是用秤称的，我们的收入是用手数的，差距不是一星半点儿。

“老干妈”的神奇，在于创造了诸多的独树一帜，让辣酱生意世世代代、子子孙孙做下去，这是“老干妈”的百年大计，而千万不要入股、控股、上市、贷款，也是“‘老干妈’对儿子的告诫，只认死理，常常在“对抗”、“颠覆”中度过，不管遇到什么，走自己的路……“老干爹”借得了“老干妈”的名气，却借不到品牌的灵魂，最终赚来的不过是虚名罢了。

“老干妈”的成功之道看似很简单、很朴素，“老干爹”若能做好其中的一两条就很不错了，想面面俱到谈何容易，何况成功是不能复制的。因此，像“老干爹”、“老干娘”等一样，山寨版“老干妈”们即使“搭便车”，也很难挤掉“老干妈”“上位”，生意“长不大”。

附：贵州南明老干妈风味食品公司诉湖南华越食品公司不正当竞争案判决书。

[受理法院]：北京市高级人民法院

[裁判类型]：知识产权

[审判程序]：二审

[裁判时间]：2001年03月20日

[裁判字号]：（2000）高知终字第85号

[案例来源]：最高人民法院公报

[案情摘要]：上诉人（原审原告）贵阳南明老干妈风味食品有限责任公司，住所地贵州省贵阳市龙洞堡见龙洞路138号。法定代表人陶华碧，董事长。委托代理人安翔，中原信达知识产权代理有限责任公司商标代理人。

[案例正文]：

上诉人（原审原告）贵阳南明老干妈风味食品有限责任公司，住所地贵州省贵阳市龙洞堡见龙洞路138号。

法定代表人陶华碧，董事长。

委托代理人安翔，中原信达知识产权代理有限责任公司商标代理人。

委托代理人邹海林，科华律师事务所律师。

上诉人（原审被告）湖南华越食品有限公司，住所地湖南省长沙市奎塘航空路1号。

法定代表人易长庚，总经理。

委托代理人李静冰，北京市正见永申律师事务所律师。

委托代理人张其函，北京市正见永申律师事务所律师。

被上诉人（原审被告）北京燕莎望京购物中心，住所地北京市朝阳区北四环东路9号。

法定代表人刘向东，总经理。

委托代理人方建平，天平律师事务所律师。

委托代理人戴瑛，天平律师事务所律师。

上诉人贵阳南明老干妈风味食品有限责任公司（简称贵阳老干妈公司）、湖南华越食品有限公司（简称湖南华越食品公司）因不正当竞争纠纷一案，不服北京市第二中级人民法院（1999）二中知初字第132号民事判决，向本院提起上诉。本院依法组成合议庭，公开开庭审理了本案。上诉人贵阳老干妈公司的委托代理人安翔、邹海林，湖南华越食品公司的委托代理人李静冰、张其函，被上诉人北京燕莎望京购物中心的委托代理人方建平、戴瑛到庭参加诉讼。本案现已审理终结。

北京市第二中级人民法院判决认定，贵阳老干妈公司生产的“老干妈”风味豆豉具有一定的历史过程，“老干妈”作为该公司生产的风味豆豉的商品名称已得到特定地区广大消费者的认同和理解。“老干妈”作为商品名称，已与该企业及其生产的风味豆豉密切相关，成为一体。该产品在同类商品领域内是具有较高的市场占有率的，意味着在一定范围内享有较高的知名度。该产品深受广大消费者的喜爱，法律应对其合法权益给予保护。贵阳老干妈公司所使用的“老干妈”风味豆豉包装瓶瓶贴的设计具有一定的独创性，亦应予以保护。

湖南华越食品公司在最初使用该商品名称时，贵阳老干妈公司生产的“老干妈”风味豆豉已在一定的范围内享有较高的知名度，且湖南华越食品公司对使用该商品名称的历史渊源，缺乏合理的依据，这种使用方式具有明显的“搭车”故意。湖南华越食品公司的此种使用方式极易使消费者产生混淆，造成误认。湖南华越食品公司的行为构成了不正当竞争，应承担相应的法律责任。湖南华越食品公司除继续使用已获得外观设计专利权的“老干妈”风味豆豉包装瓶瓶贴外，不得再使用与贵阳老干妈公司相近似的“老干妈”风味豆豉包装瓶瓶贴。贵阳老干妈公司要求经济赔偿的数额偏高，将综合本案的实际情况酌情确定。鉴于国家商标局已审定“刘湘球老干妈及图”商标，并予以核准注册，故贵阳老干妈公司请求湖南华越食品公司停止使用“老干妈”的商品名称及要求公开赔礼道歉的请求，不予支持。北京燕莎望京购物中心销售的湖南华越食品公司生产的“老干妈”风味豆豉，所使用的包装瓶瓶贴已获得外观设计专利权，故北京燕莎望京购物中心的销售行为没有侵犯贵阳老干妈公司的合法权益。依据有关法律规定，判决：一、湖南华越食品公司停止使用并销毁其在未获得外观设计专利权前与贵阳老干妈公司相近似的包装瓶瓶贴；二、湖南华越食品公司赔偿贵阳老干妈公司经济损失15万元；三、驳回贵阳老干妈公司其他诉讼请求。

贵阳老干妈公司、湖南华越食品公司均不服原审判决，向本院提起上诉。贵阳老干妈公司的上诉理由是：原审判决认定事实错误。第一，虽然湖南华越食品公司获得了外观设计专利权，但按照最高人民法院的批复精神，法院应对其专利权进行具体的分析，并判断是否构成侵权。而原审法院以其拥有外观设计专利权为由，认定不构成侵权，缺乏法律依据；第二，湖南华越食品公司申请注册的商标尚处于核准异议的复审阶段，没有获得最终授权，但原审判决却认定其已获得商标权，显然是错误的；第三，原审判决判定湖南华越食品公司只赔偿经济损失15万元，没有合理的依据；第四，原审判决判定北京燕莎望京购物中心不承担侵权责任是错误的。故请求二审法院撤销原审判决，依法作出公正裁决。

湖南华越食品公司的上诉理由是：原审判决认定事实不清。第一，根据湖南华越食品公司与贵阳南明唐蒙食品厂签订的“联营协议”内容，由贵阳南明唐蒙食品厂提供联营产品的瓶贴，因此，被控侵权产品的瓶贴不是湖南华越食品公司设计的，侵权责任不在湖南华越食品公司，湖南华越食品公司没有侵权的故意；第二，在贵阳老干妈公司获得外观设计专利权时，湖南华越食品公司已经不使用该瓶贴；第三，贵阳老干妈公司的产品不是知名产品，不可能造成同一地区消费者的误认；另外，信息沟通的欠缺造成了不适当的竞争。湖南华越食品公司在没有主观故意的情况下，实施了与贵阳老干妈公司相冲突的经营行为，是与反不正当竞争法中所禁止的不正当竞争行为有本质区别的。因此，湖南华越食品公司虽使用了原审判决附图 2 的瓶贴，但并不属于不正当竞争行为。故请求二审法院撤销原审判决第一、二项，依法作出公正裁决。

北京燕莎望京购物中心服从原审判决。

本院经审理查明，贵阳南明实惠饭店成立于 1994 年 1 月，创始人是陶华碧女士。该饭店于 1994 年 11 月更名为贵阳南明陶氏风味食品店，1997 年 5 月更名为贵阳南明陶氏风味食品厂，1997 年 11 月更名为贵阳老干妈公司。1994 年 11 月，贵阳老干妈公司推出了以“老干妈”为商品名称的风味食品，其中以“老干妈”风味豆豉倍受消费者欢迎。1996 年 8 月，该公司开始在其生产的“老干妈”风味豆豉外包装上，使用由该公司经理李贵山设计的包装瓶瓶贴。该瓶贴以红色为基本色调，整体图案的中部为产品发明人陶华碧女士的肖像。肖像下部为书写独特、鲜明的“老干妈”三个字，肖像左、右两侧自上而下分别写有“实惠饭店”、“风味豆豉”八个字，该八个字均置于黄色椭圆形图案内；整体图案左部为产品说明文字，右部为产品配方和执行标准等文字，在这些文字的上下两边分别写有“香辣突出”、“优雅细腻”和“贵州特产”、“精工酿造”等字，这些字置于黄色椭圆形图案内。

1997年12月李贵山就其设计的瓶贴向中国专利局申请了外观设计专利，于1998年8月22日获得外观设计专利权。李贵山还于1997年12月30日将该瓶贴在贵州省版权局进行了产品设计图纸的版权登记。1999年1月，贵阳市人民政府将“老干妈”风味豆豉列为贵阳市名牌产品，贵州省经济贸易委员会和贵州省技术监督局确认陶华碧牌“老干妈”风味豆豉为贵州省名牌产品，1999年11月，中国食品工业协会颁发给贵阳老干妈公司先进企业证书。贵阳老干妈公司提供了其自1997年到2000年每年销售“老干妈”风味食品的数量及向国家纳税的有关证据，证明其1998年的销售额为4548万元，为国家纳税329万元；1999年的销售额为1.07亿元，为国家纳税近1500万元；2000年的销售额为1.315亿元，为国家纳税2400万元。

湖南华越食品公司于1997年9月成立。同年10月，该公司与贵阳南明唐蒙食品厂签订了“联营协议书”，约定双方共同开发生产“老干妈”风味豆豉，贵阳南明唐蒙食品厂提供技术，湖南华越食品公司提供生产所需的设备、设施及场地。同年11月，双方联合生产的“老干妈”风味豆豉开始上市，该产品使用的包装瓶瓶贴与贵阳老干妈公司使用的包装瓶瓶贴相比，除产品批号、执行标准、生产厂家、厂址电话、邮政编码不同以及将陶华碧女士肖像换成了刘湘球女士肖像外，其余色彩、图案、产品名称及“老干妈”三个字的字体均相同。其中，“老干妈”三个字的字体是从书法家史穆先生的题词“祝愿湖南华越老干妈风味豆豉飞黄腾达”中摘录下来，用作联营产品外包装上的。史穆先生提交文字证明称，题词中“老干妈”三个字系按照湖南华越食品公司提供的字体临摹的，不是其本人作品。

1998年1月，湖南华越食品公司以其法定代表人易长庚设计的“老干妈”风味豆豉的瓶贴向中国专利局提出外观设计专利权的申请，1998年10月被授予外观设计专利权。该瓶贴与李贵山设计的贵阳老干妈公司使用的瓶贴相比，只是将写有文字的椭圆形图案改变为菱形图案。随后，湖南华越食品公司与贵阳南明唐蒙食品厂将其联合生产的风味豆豉的瓶贴进行改版，改版后的瓶贴使用了获得外观设计专利权的图案，但仍使用了与贵阳老干妈公司产品瓶贴中字体相同的“老干妈”三个字。

1998年4月，湖南华越食品公司与贵阳南明唐蒙食品厂签订“合同终止协议书”，双方解除了联营关系。湖南华越食品公司开始单独生产“老干妈”风味豆豉等系列风味食品，仍以“老干妈”为商品名称，并继续使用原来的包装、装潢。湖南华越食品公司为宣传其生产的“老干妈”风味豆豉花费了一定数量的广告费用。

1999年，北京燕莎望京购物中心与北京市兴蜀蓉府南食品有限公司建立商品代销关系。1999年5月，北京市兴蜀蓉府南食品有限公司与湖南华越食品公司签订了购销合同，约定向湖南华越食品公司购买价值7万余元包括“老干妈”风味豆豉在内的系列产品。之后，北京燕莎望京购物中心开始为北京市兴蜀蓉府南食品有限公司代销湖南华越食品公司生产的“老干妈”系列风味食品。北京燕莎望京购物中心审查了由北京市兴蜀蓉府南食品有限公司提供的湖南华越食品公司企业法人营业执照、卫生许可证、进京食品、食品用产品卫生质量认可证、外观设计专利证书、税务登记书及购销合同等相关文件。

1999年8月，贵阳老干妈公司从北京燕莎望京购物中心购买了湖南华越食品公司生产的“老干妈”风味豆豉及“老干妈”风味辣三丁，外包装瓶上使用的均是湖南华越食品公司获得外观设计专利权的瓶贴。

1998年12月1日，湖南华越食品公司向国家工商行政管理局商标局（简称国家商标局）申请注册“刘湘球‘老干妈’及图”商标，使用类别为第30类商品。该商标已被初步审定并公告。同年12月30日，贵阳老干妈公司向国家商标局申请注册“陶华碧‘老干妈’及图”商标，使用类别为第30类商品。该商标亦已被初步审定并公告。在异议期内，双方分别对对方商标提出异议。2000年8月，国家商标局分别作出了商标异议的裁定，驳回异议人所提的异议。双方均在法定期限内，向国家商标评审委员会申请复审，目前正在审理中。

1998年5月至1999年1月，全国各地出现了由不同生产厂家生产的“老干妈”系列产品，为此，贵阳市工商行政管理局向全国各地工商行政管理局发函，请求予以查处。各地工商行政管理局已分别进行了查处。

1999年11月30日，贵阳老干妈公司以湖南华越食品公司生产的“老干妈”风味豆豉盗用了其产品的特有名称，并仿冒其产品瓶贴，在消费者中造成混淆、误认，侵犯了其合法权益；北京燕莎望京购物中心违法销售湖南华越食品公司生产的仿冒“老干妈”产品，亦侵犯了其合法权益为由，向北京市第二中级人民法院提起诉讼，请求：停止在被控侵权产品上使用与其产品瓶贴相近似的包装、装潢；停止使用“老干妈”商品名称；销毁被控侵权产品及其标识、瓶贴；赔礼道歉、消除影响；赔偿经济损失40万元并承担诉讼费用。

上述事实有贵阳老干妈公司提供的“老干妈”风味豆豉包装瓶贴、版权登记证书及该作品登记的图案复制件、“老干妈”风味豆豉包装瓶贴外观设计专利证书、湖南华越食品公司与贵阳南明唐蒙食品厂生产的“老干妈”风味豆豉包装瓶贴及湖南华越食品公司独家生产的“老干妈”风味豆豉包装瓶贴、湖南华越食品公司与贵阳南明唐蒙食品厂联营协议书、贵阳市工商行政管理局关于“贵阳南明老干妈风味食品有限责任公司变更沿革的证明”、国家工商行政管理局的核驳通知书、获奖证书、有关新闻报道文章、北京燕莎望京购物中心销售湖南华越食品公司“老干妈”风味豆豉的购物发票；湖南华越食品公司提供的其“老干妈”风味豆豉包装瓶贴外观设计专利证书及外观设计图、刘湘球头像及“老干妈”文字商标注册公告、广告宣传费用发票、广告播出证明、湖南华越食品公司“老干妈”宣传画册、获奖证书；北京燕莎望京购物中心提供的商品代销协议书、湖南华越食品公司卫生许可证、进京食品、食品用产品卫生质量认可证、工矿产品购销合同及双方当事人的陈述等证据在案佐证。

本院认为，知名商品是指在市场上具有一定的知名度，为相关公众所知悉的商品。根据本案的相关事实，贵阳老干妈公司生产的“老干妈”风味食品自投放市场以来，受到消费者的青睐，在较短时间内产品便畅销全国，销售量一直呈上升趋势，为国家纳税上千万元。既使在市场上出现了侵权产品的情况下，其销售量仍然处于上升趋势。由于其产品质量好，知名度高，在全国各地相继出现了多家仿冒其产品的厂家，严重损害了广大消费者的利益。1998年、1999年，贵阳市工商行政管理局多次向全国各地工商行政管理局发出公函，请求予以查处。由于该商品在市场上具有一定的知名度，属于为相关公众所知悉的商品。故应认定该商品为知名商品。

知名商品的特有名称，是指知名商品独有的与通用名称有显著区别的商品名称。知名商品的特有名称不需要任何部门的认定或授予，而完全是经营者的一种市场成果，只要一种商品名称在市场上具有了区分相关商品的作用，就应认定具有了特有名称的意义。“老干妈”作为一种地方风味豆豉的商品名称是贵阳老干妈公司创先使用的，也是由于贵阳老干妈公司的使用而知名的。“老干妈”三个字虽然没有独特的创新，但由于贵阳老干妈公司的使用，使“老干妈”三个字已经与贵阳老干妈公司及其生产的风味豆豉密切相关，不可分割，成为了该商品的代表和象征，在社会上说起“老干妈”，人们自然会想到它代表贵州老干妈公司生产的风味豆豉。故“老干妈”已经具有了与其他相关商品相区别的显著特征，应认定“老干妈”为贵阳老干妈公司生产的风味豆豉的特有名称。

“老干妈”风味豆豉产品的包装、装潢，不是风味豆豉产品所通用的。该商品外包装瓶贴的色彩为红色，整体图案的中部为陶华碧女士肖像，肖像下部为书写独特的“老干妈”三个字，具有与其他类似商品包装、装潢相区别的个性特征。应认定“老干妈”风味豆豉产品的包装、装潢为其所特有。

将湖南华越食品公司与贵阳南明唐蒙食品厂联营生产的“老干妈”风味豆豉产品的包装瓶瓶贴与贵阳老干妈公司的瓶贴相比较，可看出，二者除所使用的肖像、产品批号、执行标准、生产厂家、厂址、电话、邮编不同外，其余图案的色彩、图形、文字排列、“老干妈”三个字的字型完全一致。故应认定湖南华越食品公司与贵阳南明唐蒙食品厂联营生产的“老干妈”风味豆豉所使用的名称、包装、装潢，与贵阳老干妈公司生产的“老干妈”风味豆豉所使用的名称、包装、装潢相近似，已给消费者造成误认，构成对贵阳老干妈公司享有的知名商品特有名称、包装、装潢的侵权。湖南华越食品公司上诉认为其与贵阳南明唐蒙食品厂曾约定，由贵阳南明唐蒙食品厂提供产品的瓶贴，故造成联营生产的产品与贵阳老干妈公司产品的包装、装潢相近似的后果，其没有主观故意。因“老干妈”风味豆豉是知名商品，该产品畅销全国，故湖南华越食品公司的上诉理由不能成立。

湖南华越食品公司改用其获得外观设计专利权的瓶贴后，产品名称仍为“老干妈”，与在此之前产品上使用的瓶贴相比，包装、装潢的整体风格、设计手法以及“老干妈”三个字的字形完全相同，图案结构、色彩运用及其排列组合也完全一致。区别仅在于将原瓶贴上的黄色椭圆形图案，改变为黄色菱形图案，以及图案中的文字内容有所变动。但从整体上看，普通消费者仍然不能区分出该产品与贵阳老干妈公司同类产品的区别，该产品所使用的名称、包装、装潢仍旧与贵阳老干妈公司同类产品相近似，给消费者造成混淆，因此亦构成侵权。现湖南华越食品公司以使用的瓶贴已获得外观设计专利权为由，认为其使用该瓶贴用作其产品的包装、装潢的行为，不构成对贵阳老干妈公司的侵权。由于本案案由为不正当竞争纠纷，权利人请求保护的是其知名商品特有的名称、包装、装潢的权利，它与专利权属于两种类型的知识产权权利。不同类型的知识产权权利发生冲突，人民法院应当按照民法通则规定的诚实信用原则和保护公民、法人的合法的民事权益原则，依法保护在先使用人享有继续使用的合法的民事权益。因此，湖南华越食品公司以其享有外观设计专利权为由，主张不构成对贵阳老干妈公司侵权的抗辩理由不能成立。由于贵阳老干妈公司在风味豆豉产品上使用的“老干妈”特有名称及其包装、装潢的行为先于湖南华越食品公司，故湖南华越食品公司使用其瓶贴用作产品包装、装潢，并使用“老干妈”作为商品名称，已经给消费者造成混淆，其行为属于不正当竞争，构成对贵阳老干妈公司的侵权，应承担停止侵权、赔礼道歉、赔偿损失的民事责任。湖南华越食品公司上诉认为，信息沟通的欠缺，是造成两省同类企业的产品包装、装潢相近似的真正原因，不属于不正当竞争，缺乏事实和法律依据，本院不予采纳。

鉴于双方分别申请注册的商标，均在国家商标评审委员会审理中，均未获得商标权，故原审法院认定湖南华越食品公司已获得“刘湘球‘老干妈’及图”商标权有误，本院予以纠正。

我国反不正当竞争法对侵权赔偿确定的原则是，以权利人因侵权人的侵权行为而受到的损失或侵权人获得的利润为赔偿依据。由于贵阳老干妈公司没有提供其因侵权而受到的损失，湖南华越食品公司也没有提供其因侵权所获得的利润，故本院按照实际情况予以酌定。湖南华越食品公司在1998—1999年为此产品支出广告费用近160万元，按照商业惯例，经营者所获利润通常要高于广告投入，故贵阳老干妈公司要求湖南华越食品公司赔偿40万元人民币的诉讼请求应予支持。北京燕莎望京购物中心销售了湖南华越食品公司生产的侵权产品，贵阳老干妈公司要求其停止继续销售侵权产品的行为，理由正当，本院予以支持。

综上，原审判决认定事实不清，应予改判；贵阳老干妈公司的上诉理由正当，对其上诉请求应予支持，湖南华越食品公司的上诉理由不能成立，对其上诉请求应予驳回。依照《中华人民共和反不正当竞争法》第二条第一款、第五条第一款第（二）项、《中华人民共和国民事诉讼法》第一百五十三条第一款第（三）项之规定，判决如下：

一、撤销北京市第二中级人民法院（1999）二中知初字第132号民事判决；

二、湖南华越食品有限公司停止在风味豆豉产品上使用“老干妈”商品名称；

三、湖南华越食品有限公司停止使用与贵阳南明老干妈风味食品有限公司生产的“老干妈”风味豆豉瓶贴相近似的瓶贴；

四、湖南华越食品有限公司赔偿贵阳南明老干妈风味食品有限公司经济损失40万元（本判决生效后一个月内给付）；

五、北京燕莎望京购物中心停止销售湖南华越食品有限公司生产的“老干妈”风味豆豉；

六、湖南华越食品有限公司于本判决生效后一个月内，在一家全国发行的报纸上向贵阳南明老干妈风味食品有限公司致歉，致歉内容须经本院核准。逾期不执行，本院将在报纸上公布本判决，相关费用由湖南华越食品有限公司负担。

一审案件受理费8510元，由湖南华越食品有限公司负担（本判决生效后7日内缴纳）；二审案件受理费8510元由湖南华越食品有限公司（已缴纳）。

本判决为终审判决。

审判长 程永顺

代理审判员 刘继祥

代理审判员 马永红

二ＯＯ一年三月二十日

本件与原本核对无异

书记员 宗晓欣

以上可以看出，湖南华越“老干妈”一定程度上有搭乘贵阳“老干妈”成名的顺风车之嫌。而贵阳“老干妈”穷追不舍地捍卫“老干妈”的名誉和唯一性，这样的精神也着实教人佩服。

第十章
“老干妈”：我只做我的辣酱

“老干妈”只对做麻辣酱感兴趣，即使有机会拓展业务范围，“老干妈”仍然坚持只做自己熟悉的领域，执着而专一。

·1·

不熟悉的领域我不干

“老干妈”麻辣酱时至今日可以说是家喻户晓了，而且一听到“老干妈”，大家都知道是麻辣酱。

“一个民营企业一年的收入足够养活贵阳市南明区所有居民两个月，8元左右的辣椒酱，每天卖出150万瓶，企业一年用1.23万多吨干辣椒，1.7万吨大豆，‘喝下’全省近一半的菜油。”贵州省贵阳市南明区政府的李先生说，“这描述的就是陶华碧所经营的企业。”

听到陶华碧这个名字，也许不一定脑海里浮现出陶华碧，但一说由她一手打造的麻辣酱的名字——“老干妈”，恐怕就没有人不知道，而且可能还吃过。

“老干妈”创始人陶华碧现身贵州“两会”现场时，在现场受到了大家的热烈追捧。陶华碧表示2012年“老干妈”产值33.7亿元、纳税4.3亿元，而2004年产值只有8亿元，也就是说在8年的时间里，企业的产值翻了两番。然而将几元钱的辣酱做到与贵州茅台齐名的，竟然是一个没背景、没资金、没文化的普通女人。20多年来，陶华碧把一家路边小吃店变成了贵州省如今的龙头企业。

陶华碧没文化，但是她有技术，而且只会做麻辣酱，这是她的技能，也是唯一的技能，她之后的生涯都要靠这个手艺生存，她用自制的麻辣酱征服了周边人们的味蕾。

“我学校地方小，没有卖的，每次长假或周末去纽约玩的时候一定要买很多带回来给同学。有了‘老干妈’吃饭就是香。”在美国的留学生说，“‘老干妈’是我们这些海外留学生心中的神品，吃不惯外国菜的时候特别怀念这种味道。”

不只是留学生喜欢吃，陶华碧刚刚摆起路边摊的时候，周边的学生都喜欢她做的凉粉，她将麻辣酱免费分给学生们吃，这让他们都亲切地称她为“老干妈”。

目前，“老干妈”已经遍布五大洲50多个国家和地区。但是当谈及自己的创业经历时，陶华碧的声音变得哽咽：“我独自一人拉扯两个孩子长大，摆过摊，拉过黄包车，整个背上都贴着膏药，男人能做的我也能做。那段时光不堪回首，所以我才更懂得珍惜，知道做什么就要珍惜什么。”

经过几年的经营，陶华碧靠小吃店积累了一点资金，小吃店也改成了一间饭店。由于价格便宜、分量特别足，她的生意非常好。可是奇怪的事情发生了，客人来这吃饭就是为了吃“老干妈”的麻辣酱，听到没有麻辣酱转身就走。陶华碧经过反复的思量终于作出了改变其一生命运的决定：

放弃餐馆办食品加工厂，专门生产“老干妈”麻辣酱。陶华碧自己背着麻辣酱穿梭在各个食堂、商店之中，推销自己的产品，这一年“老干妈”已经50岁了。

但正是这样，陶华碧用肩膀将“老干妈”这一品牌背向了世界。

有人曾建议她扩张规模，做相关产品周边产品等系列，可她都坚定地否决了，她说：“我只做麻辣酱，因为我只会做麻辣酱。”

陶华碧用自己的实际行动捍卫自己的品牌，让它始终在麻辣酱行业里处于龙头地位。

“世上无难事，只怕有心人”，这句话激励了一代又一代人，用在“老干妈”创始人陶华碧身上实在是再合适不过了。“老干妈”以特有的魅力、喜欢钻研的精神、过硬的口碑为自己开拓了一方天地。

陶华碧曾说，她只会做麻辣酱，一生也只做麻辣酱，其他领域她一概不懂，也不想去懂了，只想把自己熟悉的麻辣酱做好，做到极致。

我们也能从市场上的情况获悉，“老干妈”商标和品牌目前也只有麻辣酱系列，没有生产过其他门类的商品，可见是相当专注而专业的。

很多企业都想做到“老干妈”公司那样的人尽皆知，又能一直长盛不衰，这是十分困难的，但只要从以下几点着手，也能够让公司发展顺畅。

第一，前期的创业期间肯定是艰苦的，必须有锲而不舍的精神，过硬的诚信口碑。“老干妈”有句座右铭“质量就是生命”。这也给了大家一个踏实做事的榜样，只有脚踏实地才能走得更远。

第二同，有一个好的心态，不能因一时碰壁而放弃，因为每一个发展阶段人的心理都不一样，不要因为一时的崛起而忘记曾经帮助过自己的人。

做生意时对待合作伙伴要真诚而耐心，即使一次没有谈成，也不必灰心，多次努力就能看到成果。

第三，做好自己的品牌，挖掘好自己的亮点。例如“老干妈”刚开始的时候还是一心想做好凉粉的，之后发现原来是自己的辣椒酱比较好吃，因此就整顿了自己的产业，全力推出辣椒酱，名声不胫而走，以其独特的口味、便宜的价格赢得了很多忠实的顾客。

“老干妈”一路走来，品牌名声早已走出中国，冲出亚洲，走向全世界，吃过的人都会说“老干妈”麻辣酱好吃。一个好的品牌不仅要经得起时间打磨，其质量更需要得到大众的检验。

创业者们无论做什么行业，想做大做强，并不一定是要将产品的产业链做丰富，而是让企业做的有深度，专注才能专业，专业才专注，长此以往，总会有成功的一天。

关于“老干妈”陶华碧的创业感悟，她说：“我做本行，不跨行，就实实在在把它做好做大、做专做精。不要想赚便宜钱，好生生去做，我自己有多大能力就做多少事情，自己打下一片天，才是真本事。这也做那也做，你哪有那么多的精力？我一心投入辣椒行业，越做越大，而且要做好。我们利很薄，就靠量，薄利多销。靠暴利那是不行的，滴水成河、粒米成箩。钱来得再快，也不能贪多。滴水成河，把一个行业做精。不要去贪大，要先把自己做强，做成精钢、好钢，吃的东西祖祖辈辈都可以延续下去。”

专注专业是一个企业的基本灵魂和准则，只有如此才能真正将企业的内涵做到饱满，企业的未来才会更加光亮。

·2·

要做甩手掌柜

中国古代的治政之道中有一句名言叫“持其大纲，疏其节目，为政之上术也”；国外领导科学界也有人提出“领导应该首先是设想家”。这句话的深层次含义是提出了领导行为的正确界定问题，即领导者究竟应该干什么。

古今中外对于领导行为的界定可谓丰富至极。《三国志》记载“蜀国正事无巨细，亮皆独专之”。诸葛孔明尽管运筹帷幄，决胜千里，但由于难以克服事无巨细必躬亲之弊，最终积劳成疾，年仅54岁就告别了未竟的事业。可见，从行为后果来看，这样的“不甩手掌柜”是不足取的，纵然其再有韬略、再负责任，不能成“大事”亦是枉然。

然而，正是这种事必躬亲的观念代代相传，相当一部分人一直把领导埋头于事务看作一种责任意识强、勤于政务的表现。领导者不仅制定决策目标，同时对实现决策目标的具体途径、办法、详细的工作计划，每一细节都不放过。表面上，领导者尽职尽责，权力无边，风光无限，实际上，事事过问、事事负责却可能一事无成。

“老干妈”陶华碧在创业之初，也是属于事必躬亲的代表，她不仅亲自奔赴一线切辣椒、洗辣椒，更是全程监管流程，从进货到出货销售上架，她几乎全包，一定要确保安全，确保产量和质量。之后慢慢地，她感到越来越力不从心，事必躬亲带来的是身体上的极度疲惫和劳累，于是她决定引进人才，当时最先进来的就是她的大儿子李贵山，之后她又组建了“老干妈”管理团队。这支团队为“老干妈”的发展献计献策，帮助“老干妈”成了行业的标杆、知名品牌。

美国麦吉尔大学管理学教授杰伊·康格主张“领导应是设想家”。康格认为，领导者应有洞察事物未来，并能提出可行设想的能力。领导者的职责就是给组织制定战略目标，抓纲要，务根本，避免事务缠身和事必躬亲。正如中国古人所说的“持其大纲，疏其节目，为政之上术也。”显然，康格和中国古代哲人都主张领导者要把除“目标”“纲要”“根本”问题外的其他事情交给别人去做。那么，康格的主张是否行得通呢？

众所周知，在现代社会中，领导者面临的各项事务纷繁复杂、千头万绪，任何领导者即使精力充沛、智力超群也不可能独揽一切。这就要求领导者分清哪些事是自己必须做的，是不能“甩手”的；哪些事是可以由别人来完成的，是可以“甩手”的，而不一定要事必躬亲。只有“抓大事不问琐事”，有所为有所不为，领导工作才能富有成效。

美国前总统里根的领导生涯便印证了这个道理。在美国，即使不支持里根的人也会承认，他在任期间取得了显著成就。里根就认为，他的作用是为政府指明方向，日常工作应交给下属去做，而把自己的注意力集中在一些重大问题上。“抓大事”、“揽全局”是里根取得成功的要领。

在实际领导工作中，“大事”、“琐事”往往是相对而言的，对不同层级的领导者而言，其界限是不同的。比如战略层领导者的“琐事”，对于行政层领导者而言就是“大事”，下级的“大事”往往就是上级的“琐事”。一些领导者往往在尚未理清或不屑于理清哪些事应由自己做、哪些事应由别人做的时候，就把本该由自己抓的“大事”，以及应该由下属做的琐事统统当作琐事不问，交给下属去处理，美其名曰充分放权，实则当起了“甩手掌柜”。诸如目标的确立、政策的出台、规划的拟定等等，这些领导者分内的工作，均假手他人来完成。把不问琐事搞成了不抓大事，这样的领导者无疑是不称职的，其行为是不足取的。

大凡这样做的领导者往往是走入了认识误区，以为权力下放给下属的同时，责任也一同落到下属身上，下属工作得力，成绩卓著，领导者跟着业绩斐然；反之，下属工作失误，领导者可以一推了之，不用承担任何责任，不必冒任何风险。事实却恰恰相反，权力在领导中有向下分散的趋向，而责任却有向上集中的趋向。领导者即使进行了工作指派和权力授予，也仍然对下属所履行的工作绩效负有全部责任。当下属无法完成指派的工作时，领导者将要承担其后果，下属之缺陷将被视为上司之缺陷。也就是说，领导者无论如何授权，责任始终都在自己肩上，责任是无法授予的！放手工作不等于放弃了责任，一切工作都“甩手”，是不可能成为一个合格的“掌柜”的。

还有一些领导者，能够分清哪些是分内工作，是不能“甩手”的，哪些是需要通过别人来完成的工作，是可以“甩手”的，并且清楚只有适度授权才能使工作富有成效。这类领导者在抓牢“大事”的同时，往往对琐事“甩手”，授权给下属全权负责。但有的在“甩手”之后，便对其进展情况不闻不问。殊不知，授权不是权力的让渡，授出权力而不加控制，带来的可能是灾难性的后果。

因此，将“琐事”授权出去后，进行控制是必要的。一方面，可以及时纠正工作中的偏差，保证工作顺利开展并取得业绩；另一方面，控制是领导者责任所在，领导者可以不具体从事某些事务，但不能不采取间接控制，在任何时候控制都是不能“甩手”的。当然这里所说的控制不是束缚住下属的手脚，事事盘问，而是在充分相信下属的基础上，对领导者所发布的命令进行追踪，对工作进度进行监督，甚至必要的时候可以撤回授权等等。放手让下属去干，允许下属在操作过程中犯错误，但又要适时纠偏，防止下属犯真正危险的错误，这两者应是并行不悖的。只有这样才能确保领导者不具体处理“琐事”，又能使“琐事”的处理结果不偏离“大事”的既定方向。所以，“不问琐事”并不等于在琐事的处理上做“甩手掌柜”。

对于今天的领导者来说，即使日理万机，也不可能面面俱到，让领导者从繁杂琐碎的事务中解脱出来是大势所趋。但不论是抓大事引领方向，还是指导琐事的操作，都要求领导者具有强烈的责任意识，这是一个领导者最根本的东西。

·3·

不随便妥协

急事，慢慢地说；大事，明白地说；小事，风趣地说；没把握的事，严谨地说；没发生的事，不要胡说；做不到的事别胡说；损害人的事，别乱说；伤心的事，不要见人就说；别人的事，轻易不说；自己的事，先听听自己的心怎么说。

这是我们常听到的几句话，其含义是要我们要学会忍耐，学会宽容，学会自强，尤其是不要逢人就说自己的苦难，因为苦难是人生的财富，可能它曾带给你一段黑暗的时光，让你伤心或者悲痛，甚至带给你身体上的伤害，但过后，它往往会让你明白很多事，成为你生命中最坚硬的外壳，并在今后的生活中，促使你不断奋进，直到走向成功。

在陶华碧的一生中，幼年时期算是平平淡淡，虽然常常吃不饱穿不暖，但也没有什么大风大浪或者特别艰难的事，倒是结婚后的那几年，尤其是丈夫卧病在床时，那真是最艰难的时候，一个女人要像男人那般出去工作挣钱才能让孩子们不受饿，每天起早贪黑的，双手双腿都留下了不少的后遗症。那时，陶华碧确实受了不少的罪，但是她没有逢人就说自己的苦和累，以博得更多的同情或者其他的东西。她曾说，她非常感谢那些过往的岁月留给她的痕迹，因为她从中学到了宽容和理解，学到了诚信和友善。

陶华碧还说："在一个人遇到苦难的时候，绝不要让步。"

记者问：遇到外界压力你会妥协吗？

她说："如果妥协，另外一拨人又会来，还会变本加厉。一个人在遇到困难的时候，绝对不要让步，就要跟他打。要打仗就要打赢。创业初期，有时我一天要打三次架，跟税务打，跟城管打，跟工商打。"

所谓"打"，就是打交道，争取自己的权益。一个曾经柔弱的女人，变得如此强悍与雷厉风行，这不得不说是岁月的馈赠，是苦难带给她的成长。

阿里巴巴集团主席兼首席执行官马云在中国互联网界，算是一个异类，他似乎是所有网络公司老总的反义词：他不懂电脑，不懂管理学；他不懂广告，不许公司做广告；他不仅不会高薪聘人，对进来的人还减工资。他认为自己很傻，"像阿甘一样简单"。

互联网界是马云，那调料品界就是"老干妈"。

"老干妈"和马云不太一样的地方就是，她是技术出身，既是创始人，又是技术能手。麻辣酱是她发明的，也是她发展起来的。

在这个以互联网为基础的公司里，作为CEO（首席执行官）的马云，他说自己是一个十足的外行，因为即使到了今天，他对网络技术也是一窍不通，对网络的运用只限于收发邮件、浏览网页。

就是这样的马云，为什么这么多有能力的人心甘情愿接受如此“愚钝”的人的领导呢？其中很重要的一点就是，马云从不认为自己比别人更胜一筹，他总是善于发现别人的潜力并把它充分地调动起来。马云说：“你可以把最优秀的人先请来。比方说你不懂技术，你可以把最优秀的技术人员请来；你不懂财务，可以把最好的财务官请来；你不懂管理，可以把最好的管理者请来。因为我不懂，我永远跟他吵不起架来，他搞技术，当然我尊重他……只要你有一种胸怀、眼光，你就可以做到这样。”

马云就是这样，用像大海一样博大的胸怀，把自己放在一个较低的位置上，对他周围的人给予充分的信任。他从来不怕别人超越自己，“如果没有人能取代你，你永远不会升职，只有下面的人超过你，你才是一个领导”。

在这一点上，陶华碧又和他拥有共同之处。陶华碧建立公司时，她请来了很多能人，帮助她打理公司的财务、税务、工商、营销策略等等方面。她只是一心研制产品配方，甚至会奔到一线去工作，她作为董事长却从来不会因为自己的身份和已经获得的成就就看低他人，她的谦逊和委婉为她赢来了更多人的支持、鼓励、信任和尊重。

一个真正聪明的人，总是以拙御巧，绝不会到处卖弄自己的学识。只有大愚之人才总是自命不凡。

不在意自己的成就，才能一直谦逊，一直向前，那么也就会走向成功。

“老干妈”已经拥有了如此大的知名度和成就，她却从来没有过任何的负面新闻，不搞花样，不偷税漏税，不拖欠工人工资，一直井井有条地打理着自己的公司。

很多企业在遇到问题时，往往只想到如何挽回公司的损失，而不是产品本身。陶华碧却不是，她一心只为产品着想，让产品用质量征服他人，而不是遇到问题时自圆其说。

“老干妈”刚进行全球化战略的时候，因为准备不足，一向受欢迎的辣酱在欧盟的销量遭遇了滑铁卢，不少麻辣酱被欧盟查出因为封闭性不好而存在漏油的问题。没多久，欧盟就开出了重磅惩罚，甚至直接禁止“老干妈”辣酱的上架。

欧美市场一向严苛，可能在国内并不算什么大问题，只要召回或者低价出售仍然有市场，毕竟这个问题并不影响麻辣酱的本质。而且更重要的一点是，这样的包装在美国、加拿大以及国内是没有问题的，欧盟发现的所谓问题只是极少数可以忽略不计的小问题。

如果依仗着国家对“老干妈”的扶持政策，陶华碧大可以走外交施压途径来为自己维权，但她没有这样做，而是非常利索地下了一条命令：研制符合欧盟要求的盖垫，提高密封性。

“老干妈”成立了一个以“环境友好、高值化PVC 树脂及其特种专用料生产技术开发”为名的课题小组。在“老干妈”的参与推动下，贵州省科技厅积极斡旋，组织国内在PVC（聚氯乙烯）材料方面具有研究优势的浙江大学等4所高校、中科院化学研究所，以及贵州3家PVC企业，一起进行专项研发。

如今，课题小组建立了科学的绿色环保PVC产品指标体系，搭建了高性能PVC专用料的生产平台和电石法PVC品质稳定化生产工艺技术，攻克了PVC耐热改性、PVC耐老化、绿色化等关键技术难题，同时通过产业化开发，形成了一定规模的工业化生产能力。

目前4个课题形成并申报专利34项，其中11项已获授权。这一系列的成果，已经为“老干妈”再次进入欧盟提供了技术支持。这一次，欧盟绝不可能再找到让“老干妈”下架的理由。

“老干妈”不因为自己的成就沾沾自喜，也不会惧怕未来的挑战，而是努力去争取自己的利益，不断让企业完成更高的目标，这就是“老干妈”的营销方式，让企业无可挑剔。

面对市场提出的问题和挑战，企业主们都应该积极应对，而不是寻找借口。也许像“老干妈”那样的问题她完全可以忽略，但“老干妈”的处理方式却是想办法让对方满意，这样做的结果是，自己放心了，对方也安心了。这样的生意才能做得长久，做得稳当。

·4·
对话“老干妈”

电影《中国合伙人》结尾有一张面孔一闪而过，有留学生称其为“女神”，因为在海外，中国学生的宿舍里几乎都会有印有她头像的辣酱，她就是“老干妈”陶华碧。

《中国合伙人》有这样一句话，“中国的英雄是可以跪的，甚至可以从别人的胯下钻过去”。还有成东青在中国警察面前唯唯诺诺装孙子的样子，的确就是印象中大多数中国本土企业家的真实写照，在中国这样特殊的环境下，要想生存，只能低头。

2012年全国两会期间，全国人大代表、“老干妈”食品有限责任公司董事长陶华碧接受采访，讲述人大代表之路。她认为党的政策好了，要本本分分地做事回报国家，企业要干干净净，一分钱税都不能漏。上要对得起祖宗，下要对得起百姓。

当陶华碧说起自己的艰难创业经历时，声音哽咽：“拉过黄包车；没有找政府贷一分钱的款，靠自己努力奋斗……我是从艰难环境中走出来的人，懂得珍惜，知道做什么就要珍惜什么。”

以下是记者与陶华碧对话实录。

问：“很多人都吃‘老干妈’，你能谈一下‘老干妈’成功的秘诀是什么吗？”

陶华碧：“要说成功的原因，是我以前太苦了，一提起来我就流泪；我丈夫去世得早，还要拉扯两个儿子长大，拉过黄包车（哽咽）；没有找政府贷一分钱的款，靠自己努力奋斗。你看我身上，都贴着膏药，整个背上都贴着。当时人家做得了一百斤，我也要做下来；如果人家男子汉做得了，我做不了，别人就要笑话我。好苦啊，打八磅锤，七八十岁的人都叫我‘老干妈’。”

“我拉扯两个学生读大学，我就叫他们好好生生读书，要做好事，我是从艰难环境走出来的人，懂得珍惜，知道做什么就要珍惜什么。因为食品和药品都是一样的，如果要做好，要做成企业，要打出个名声，就要有良心，要有职业道德。我的儿子也很优秀，我走到今天也快七十岁了，要一代一代地传下去。”

问：“你今年都关注哪些问题？”

陶华碧：“我主要是关心事业，要把事业做大做强，回报党和政府。国家靠税收，我多做一点没有关系，我们企业干干净净，一分钱税都不会漏，偷税漏税是很不好的。我们的产品质量是很好的，是过关的，现在也走出去了，只要有华人的地方就有‘老干妈’。现在（‘老干妈’）

产品有70多个品种，我还要做系列产品，我的儿子、孙子也要做下去，多为社会做贡献。”

问：“你想过退下来颐养天年吗？”

陶华碧：“我的儿子很能干，他们在前面做事，我给他们稳定后方。我会尽我最大努力，直到我做不了的那一天。现在（企业）有几千人了，我要管工人吃住，我对他们比对我子女还心疼。工人生病了，我要去看望。有一个保安，他爱喝酒，结果得了胰腺炎，我把他送到省医院，花很多钱救活了。”

问：“你对人民代表大会制度有什么个人建议吗？”

陶华碧：“我觉得很好。”

问：“你对这几年人大代表任期有什么感想？”

陶华碧：“我是2008年当选全国人大代表的。这5年来，党的政策也好了，各级干部也给予我们很大的支持，特别是温总理对我们这么大的鼓励，我就要好好生生地做事。我的儿子一个是40多岁，一个是30多岁，（大的）经常是在国外，在全世界跑市场，小儿子就管理内部。我们一家人都是本本分分地做人，本本分分地做事，做的事情上要对得起祖宗，下要对得起百姓。”

从陶华碧的采访对话中我们可以看出，她是一个将个人荣辱与生活挂钩的人，不贪私利，不借力使力，心怀大爱的可敬的“老干妈”。

“正是有了各级党委、政府的支持，‘老干妈’这个企业才能不断发展壮大到今天的规模，所以我一直都告诉我的员工，我们的企业必须诚信纳税。”陶华碧谈到企业多年来的发展时，感慨良多，作为贵州乃至全国民营企业的“纳税明星”，她都表示诚信是企业的分内事，依法纳税正是对国家和社会的诚信。

但“老干妈”陶华碧告诉我们，还有另一种方式也可以把事情做成，那就是踏踏实实做企业。

在贵阳，久未接受媒体采访的“老干妈”陶华碧破例接受凤凰网资讯对话，长谈了一个下午。

纳税4亿的“老干妈”，自创业之初，首要原则就是诚信纳税，不按时交税睡不着觉。贵阳南明区一次纳税大户评选大会上，税务部门少算30万，将第一纳税大户“老干妈”排到了第二。税务部门想私下补上，糊弄过去，“老干妈”不吃这一套，奖品奖金一分钱不要，“必须在大会上公开给我个说法，这是你们的工作，也是你们的职责！”这是“老干妈”干脆而简洁的态度。

因为纳税，“老干妈”还跟税务部门的人打过架。有一次，她主动去税务局纳税，工作人员不给上，说要去送孩子上学，让她改天再来。“老干妈”怒了，上去跟他干了一架：“我主动来纳税，你还刁难我！”

回忆起过去的创业路，“老干妈”多次感慨“太困难了”、“我吃了好多苦”，2012年两会期间，她在接受凤凰网对话时，数度哽咽落泪。

“老干妈”如今已经是中国辣椒制品行业的巨头了，2014年1月26日陶华碧以全国人大代表身份应邀出席贵州省“两会”。记者问及“老干妈”公司2012年业绩及纳税金额可否披露，陶华碧答：“可以报道啊，没关系啊，纳税光荣嘛。”

书记来到贵阳代表团参加人大代表的讨论。“老干妈”陶华碧说感谢各级政府的关心支持，书记说：“你不用感谢政府，这是他们应该做的，我们大家最应该感谢的是你陶华碧这样的纳税人、企业家，你直接解决那么多就业，带动那么多老百姓增收、提高生活水平，我们应该感谢你！”

随即，她朗声披露了“老干妈”公司去年的业绩及纳税金额。她声音响亮，引得许多参会代表侧目称赞，远处其他媒体记者也闻声而至，希望能采访到陶华碧，因为平时她非常低调，难得接受采访。

“老干妈”公司自1997年成立至今，连年获评贵阳市或南明区“纳税先进单位”，陶华碧认为这个荣誉是对“老干妈”公司及她个人最好的回报。

据陶华碧身边工作了十七八年的保健医生介绍，作为连任代表的“老干妈”，参加了7年“两会”都从未接受过采访。这一次，记者请朋友引荐，终于独家采访成功。

媒体圈的人都知道，想采访到贵阳南明“老干妈”风味食品有限责任公司董事长“老干妈”陶华碧，并不是一件容易的事情。如今关于“老干妈”的新闻，大多还是来自多年前的报道。7年来，并不是没有记者对她进行“围追堵截”，而是每当有记者走近她时，她要么选择不吱声，要么就索性“逃跑”。

据一位媒体同行介绍，有一年参加全国两会，在人民大会堂门口，“老干妈”又被一群记者围堵了起来。无奈之下，只得故伎重演——“逃跑”。一不留神，她还跑错方向迷了路。后来，有工作人员找了许久才找到她。

虽然天天参加贵州团的分组讨论，给陶华碧拍照的记者也很多，但无一例外，都没有人敢上前去邀约采访，估计是碰钉子次数太多的缘故。

通过查阅资料发现，最近关于“老干妈”的一篇报道，是某网站两天前的一条图片新闻，内容只有一句话——亿万富豪“老干妈”陶华碧上两会。记者看到，就算只有这句话，转载和评论也非常多，可见陶华碧的粉丝之众，受关注之高。

据“老干妈”的保健医生麻文静介绍，有个代表想和“老干妈”合影，硬是说了几天的好话，她才答应。

陶华碧是一个十分深居简出的人，想要采访到她很不容易，记者们为了能够和她搭上话都绞尽了脑汁。

终于经过朋友的牵线，有记者采访到了她。

陶华碧年纪大了，年轻时创业时又太过辛苦，身体落下了一大堆的毛病，常常颈椎痛，连开会期间都要不时地去医院打针治疗。

“她文化水平不高，没有任何财务知识，但她喜欢钻研，记忆力惊人，不畏艰难，执著于想做的事，对现金近乎偏执的重视，绝不涉足自己不熟悉的行业，每一次迈出扩张的脚步都慎之又慎。2012年，她以36亿身家登上胡润中国富豪榜。2012年，‘老干妈’产值达33.7亿，纳税4.3亿，人均产值168.5万元。”——这是在网上能搜索到的最近一篇关于“老干妈”财富的报道。

这么多年来，但凡和“老干妈”有关的报道，都少不了这句话——不偷税、不贷款、不欠钱、不上市，有多大本事就做多大事。

那么，时过境迁，“老干妈”的原则和底线，她自己有没有打破呢？

记者问到了“老干妈”关于是否借贷的问题，她十分坚定地说，至今没有借过一分钱。语气中充满了骄傲，铿锵有力的底气就来自于“老干妈”公司数亿元的现金流。

“老干妈”一直坚守底线，认为有多大本事就做多大的事，从不轻易越界。

“老干妈”参加了7届的“两会”，但还从来没有记者采访到她。“老干妈”低调且勤恳，是我们学习的榜样。

“老干妈”产品出名后，一直有各种各样的假冒伪劣产品出现，极大地威胁到“老干妈”产品的声誉以及消费者的利益，所以“老干妈”公司每年都要拿出两三千万专项资金来“打假”。最近几年，在省里的支持下，市场上假冒“老干妈”辣椒酱的现象得到缓解。

“老干妈”两会上提交的建议再次涉及到“打假”这个内容。提到假冒“老干妈”的产品，陶华碧非常气愤，她说自己这几年提交的建议，都和“打假”有关。

“老干妈”解释，很多带“干”的牌子，借着“老干妈”辣椒酱的名声在市场上销售。她特别担心这些产品质量不过关，毁了“老干妈”的名声，更伤了老百姓的身体。

和“老干妈”的交谈中，她数次强调食品安全的重要性，她认为国家就是要用法律法规把假冒伪劣产品打得干干净净。

“你看到假冒的产品，就告诉我，我会付给你感谢费。”“老干妈”说，任何人看到假冒产品后，都可以向“老干妈”的公司反馈。

据悉，“老干妈”的建议均由她亲自手写，请秘书打印后再提交给议案组，十分的认真敬业。

一瓶280克的“老干妈”辣酱，中国1号店网站卖人民币7.9元，美国亚马逊卖3.9美元（人民币24元）。

“老干妈”在国外被译作“LaoGanMa”，登上了奢侈品折扣网站Gilt，并被誉为全球顶级的热酱，在微博上被戏称为“一秒钟变格格”。售价由原本北美华人超市中的2美元变为了近12美元，这不得不令中国人大呼意外。

“老干妈”在中国只是超市中最普通的酱料。然而，在Gilt这家时尚折扣店里，“老干妈”辣椒酱却在食材推荐的类别中占据了一席之地，购买者除了需要为身价不菲价格直奔12美元的它买单外，还需另外支付运费。

网上都说，“老干妈”辣椒酱在国外是土豪金，对此“老干妈”陶华碧怎么看呢?

“你说‘老干妈’卖到多少个国家？我也不晓得卖到了多少个国家，我只能告诉你，全世界有华人的地方就有‘老干妈’。”陶华碧豪气地回答。

“网传‘老干妈’在国外的价格是国内的好几倍，请问是真的吗？”记者问。

“国内确实便宜得多。”“老干妈”说，但她对价格上到底差多少，却不愿意回应。“我是中国人，我不赚中国人的钱，我要把‘老干妈’卖到外国去，赚外国人的钱。”

后记

“老干妈”发展纪事

业绩

1997年企业产值1400万元，上缴税金86万元

1998年企业产值5014万元，上缴税金329万元

1999年企业产值1.26亿元，上缴税金1500万元

2000年企业产值1.5亿元，上缴税金2464万元

2001年企业产值2.15亿元，上缴税金3700万元

2002年企业产值3.8亿元，上缴税金5188万元

2003年企业产值6.25亿元，上缴税金7800万元

2004年企业产值8.08亿元，上缴税金7500万元

2005年企业产值10亿元，上缴税金1.4亿元

2006年企业产值12亿元，上缴税金1.67亿元

荣誉

1998年

被南明区授予“先进纳税户”称号

被南明区地方税务局授予“先进纳税大户”称号

系列产品被贵阳市政府评定为“贵阳市名牌产品”

被贵阳市政府授予“质量管理先进企业”称号

被贵阳市技术监督局评为“贯彻实施技术监督法规先进企业”

产品“老干妈”风味豆豉被评为“贵州省名牌产品”

1999年

产品“老干妈”风味油辣椒被评为“贵阳市（推荐）名牌产品”

产品“老干妈”风味油辣椒被评为“贵州省名牌产品”

被贵阳市委、市政府评为“贵阳市十强民营企业”

被南明区评为“经济工作先进单位”

被南明区评定为“十佳纳税企业”

“陶华碧牌老干妈”商标被评为“贵州省著名商标”

被中国食品工业协会授予“全国质量效益型先进企业”称号

2000年

被评为“贵阳市南明区重点企业”

被评为“贵阳市非公有制经济先进私营企业”

被贵州省委、省政府授予“贵州省非公有制经济‘明星企业’”暨“一九九九年度发展乡镇企业‘先进企业’”称号

产品“老干妈”鲜牛肉末被评为“贵州省名牌产品”称号

被国家农业部评为“全国乡镇企业质量管理先进单位”称号

2001年

被贵阳市政府授予“党建文明先进单位”称号

荣获“‘十强’纳税大户”称号

被贵州省农业厅等十二厅局评定为“贵州省农业产业化经营重点龙头企业”

被中国食品工业协会评定为“中国农业产业化经营20大龙头食品企业”称号

系列产品被评为“2001中国国际农业博览会名牌产品”

2002年

被贵州省国家税务局和贵州省地方税务局共同评定为“诚信纳税企业”

被贵阳市人民政府授予“非公有制工业企业党建先进单位”

被贵州省委、省政府授予“1999—2002年度文明单位”称号

被贵州省委、贵州省人民政府评为“发展乡镇企业先进单位”

年度纳税额在国家税务总局统计的排行榜中名列中国私营企业纳税第五名

通过ISO9001质量管理体系认证

2003年

被贵阳市政府授予“党建文明先进单位”称号

荣获“‘十强’纳税大户”称号

被贵阳市委、市政府评为“‘十佳’明星企业”

成为“贵州质量诚信企业联盟行业独家发起单位”

被评为“贵州省食品工业杰出企业”

注册商标“老干妈”被评为“贵州省食品工业著名品牌”

被贵阳市南明区委、区人民政府授予“纳税突出贡献企业”称号

被贵阳市人民政府授予“非公有制工业企业党建先进单位”

年度纳税额在国家税务总局统计的排行榜中名列中国私营企业纳税第十名

2004年

产品“油辣椒”被评定为“绿色食品”

被中国保护消费者基金会评为“质量放心、用户满意”双优品牌

产品“鲜肉丝豆豉”和“红油腐乳”分别荣获贵阳市优秀新产品三等奖和鼓励奖

荣获“2003年度重点非公有制经济优势企业”称号

注册商标“老干妈”被贵州省工商局评为“贵州十佳著名商标”和“消费者喜爱的品牌”

被国家农业部、发改委、财政部等8部委认定为“农业产业化国家重点龙头企业”

被中国食品安全年会组委会授予“全国食品安全示范单位”

被贵州省国家税务局和地方税务局共同评为“A级纳税信用企业”

年度纳税额在国家税务总局统计的排行榜中名列中国私营企业纳税第二十五名

通过ISO14001环境管理体系认证

2005年

被评为“首届贵州省50家诚信单位”

被授予“依法治厂示范单位”

被授予“贵州省知识产权试点单位”

被国家农业部、发改委、财政部等8部委评为“全国农业产业化优秀重点龙头企业”

被授予历届中国食品博览会参展产品“最佳成果奖”

产品“鲜肉丝豆豉”、“香辣脆”、“辣三丁”和“辣子鸡”被评为“贵阳市（推荐）名牌产品”

被农业部评为“全国农产品加工示范企业”

被贵州省国家税务局和地方税务局共同评为“A级纳税信用企业”

年度纳税额在国家税务总局统计的排行榜中名列中国私营企业纳税第三十七名

2006年

通过HACCP认证

系列产品荣获2006“开磷杯”多彩贵州旅游商品两赛一会贵阳市选拔赛旅游商品设计大赛优秀奖

系列产品荣获2006“开磷杯”多彩贵州旅游商品设计大赛特别提名奖

荣获“中国名牌产品”称号

荣获2005—2006年度全国食品工业优秀龙头食品企业称号

2007年

“陶华碧‘老干妈’及图”荣获驰名商标

2014年

“老干妈”入选2014年中国最有价值品牌500强榜单，以160.59亿元的品牌价值名列第151位

图书在版编目（CIP）数据

成功绝非偶然："老干妈"的创业史与人生哲学 / 寒晨著 . —北京：时事出版社，2016.5

ISBN 978-7-80232-983-6

Ⅰ . ①成…　Ⅱ . ①寒…　Ⅲ . ①陶华碧—生平事迹
Ⅳ . ① K825.38

中国版本图书馆 CIP 数据核字（2016）第 057914 号

出版发行：时事出版社
地　　址：北京市海淀区万寿寺甲 2 号
邮　　编：100081
发行热线：（010）88547590　88547591
读者服务部：（010）88547595
传　　真：（010）88547592
电子邮箱：shishichubanshe@sina.com
网　　址：www.shishishe.com
印　　刷：北京建泰印刷有限公司

开本：787×1092　1/16　印张：18　字数：210 千字
2016 年 5 月第 1 版　2016 年 5 月第 1 次印刷
定价：32.00 元
（如有印装质量问题，请与本社发行部联系调换）